DÉVELOPPER SON QI

SON QI

101 MOYENS POUR AMÉLIORER SES PERFORMANCES

« Penser est le travail le plus difficile, c'est probablement pourquoi si peu de gens le pratiquent. »

Henry Ford (1863–19

DÉVELOPPER SON QI

101 MOYENS POUR AMÉLIORER SES PERFORMANCES

RON BRACEY

EVERGREEN

Dédicace de l'auteur :
À Taffin, Mer Mer et Jimmy, les personnes les plus intelligentes que je connaisse.

Titre original :
IQ Power-Up. 101 Ways to Sharpen Your Mind

Traduction française : Florence Ludi
Maquette et suivi éditorial : DUO Publishing

ISBN 978-3-8365-1617-4

Printed and bound in China

SOMMAIRE

INTRODUCTION

Dès notre plus jeune âge, notre développement intellectuel est surveillé pour vérifier que nous progressons normalement. Durant notre scolarité, nous passons des tests qui déterminent si nous pouvons sauter une classe, avons besoin de soutien, etc. Dans le monde professionel, les tests de QI font souvent partie des processus de sélection et de promotion. Ils sont également utilisés pour diagnostiquer la démence, mesurer les effets de lésions cérébrales et contrôler la guérison, ou encore déterminer si quelqu'un est apte à aller en prison.

Mais que vous ayez passé ce type de tests ou non, votre intellect, et surtout l'usage que vous en faites, influe sur de nombreux domaines de votre vie. Il influence le travail que vous faites et sa qualité, affecte votre compréhension de ce qui se passe dans le monde et l'efficacité avec laquelle vous réagissez à sa complexité, et il peut même fausser la manière dont autrui vous perçoit.

Comme nous le verrons au chapitre 1, l'intelligence peut être définie de multiples façons. Mais comment est apparue la mesure du QI, le « quotient intellectuel » ?

L'ÉVOLUTION DU QI

La notion de QI a été développée par le Français Alfred Binet au début du xxᵉ siècle pour déterminer les besoins scolaires d'enfants de l'assistance plus doués que la moyenne. Son idée eut un tel succès qu'elle fut largement reprise, notamment pour trouver les personnes correspondant à certains types de métiers.

La formule infantile était la suivante :

$$100 \times \frac{\text{âge mental}}{\text{âge biologique}}$$

Mais elle n'était pas adaptée aux adultes, pour qui on établit des moyennes (voir page 18).

En un siècle, le concept du QI a dépassé cette approche étroitement psychométrique. L'idée d'un facteur général d'intelligence, dit « g », était née à la même époque que le concept de Binet. Si « g » prenait en compte le fait que l'intelligence soit formée de différents facteurs, dont l'hérédité, il lui manquait cependant la notion des influences sociale et culturelle. L'un des développements de « g » mena à la classification en « intelligence fluide » et « intelligence cristallisée ». La première est l'aptitude innée à apprendre, raisonner, résoudre des problèmes, tandis que la seconde est le stock de connaissances que nous acquérons par l'apprentissage et l'expérience.

L'interprétation de ce qui constitue l'intelligence a connu deux importants développements au cours des 25 dernières années. Dans son livre révolutionnaire *Les intelligences multiples* (1983), Howard Gardner, psychologue à Harvard, introduisit un concept qui, incluant les aptitudes spatiale, musicale, kinesthésique, etc., déployait la définition de l'intelligence au-delà des capacités logiques et linguistiques qui la mesuraient traditionnellement. En 1995 l'idée, popularisée par Daniel Goleman, que la maturité émotionnelle est une forme d'intelligence, eut un tel succès qu'elle entraîna la création d'une nouvelle branche de la psychologie du travail : l'intelligence émotionnelle est cruciale pour développer une compréhension en profondeur et fournir un contexte à l'intellect (voir chapitre 6).

NOUVELLES FRONTIÈRES

De même que Gardner, Goleman et d'autres ont réévalué le concept d'intelligence, des avancées technologiques comme l'IRM ont permis aux neuroscientifiques de voir et de tracer l'activité cérébrale en temps réel, faisant progresser notre connaissance de la façon dont nous pensons.

Notre science des subtilités du cerveau et de ses liens avec l'esprit est encore balbutiante, mais de nouvelles découvertes se succèdent sans cesse. Concevant de mieux en mieux la nature de la mémoire, nous avons découvert de nouvelles possibilités d'augmenter le QI chez l'adulte, alors qu'on le croyait définitivement arrêté après l'adolescence. Et des pistes très récentes indiquent que, dans le cadre de la « neurogénèse », le cerveau adulte serait capable de ce que l'on croyait impossible : régénérer ses cellules.

ENTRAÎNER SON ESPRIT

Dans n'importe quelle librairie, vous trouverez de nombreux jeux pour tester votre logique, votre aptitude au calcul, et vos capacités spatiales et linguistiques. De même, tapez « test de QI » sur Internet, et vous obtiendrez des milliers de réponses et d'occasions de vous tester, ce que vous aimerez sans doute faire puisque vous lisez cet ouvrage. Comme l'explique la première partie de ce livre, ce genre d'entraînement est une bonne manière d'aiguiser vos capacités, mais il ne vous fera pas avancer dans la compréhension de la façon dont développer votre esprit peut enrichir votre vie.

En dépassant la définition étroite du test de QI, nous pouvons utiliser nos facultés mentales pour aborder intelligemment tous les aspects de notre vie. Grâce aux pistes et aux conseils que propose ce livre, vous pouvez progresser dans diverses directions :

- accélérer vos processus de pensée
- augmenter votre capacité à retenir les informations et à les utiliser
- étendre votre savoir – pour votre travail, vos études, ou vos loisirs
- améliorer votre gestion de l'information pour séparer le bon grain de l'ivraie
- augmenter votre adaptabilité aux changements de situation
- penser de façon plus stratégique
- améliorer votre aptitude à résoudre les problèmes
- élargir votre point de vue à l'ensemble d'une question
- savoir considérer un problème depuis différents angles
- faire confiance à votre voix intérieure et à votre intuition.

Qui utilise vraiment toutes les ressources potentielles de son cerveau ? Ce livre propose de vous aider à comprendre, organiser et améliorer vos facultés mentales, pour vous permettre d'exploiter au mieux les connaissances et les idées qui vous sont propres.

QU'EST-CE QUE LE QI ?

Beaucoup d'entre nous ont déjà passé un test de QI, en général à l'école : mais qu'indique exactement le résultat de ce test, et à quoi peut-il servir à l'âge adulte ?

Ce chapitre présente les tests eux-mêmes, ce qu'ils mesurent et ne mesurent pas, la manière dont on calcule le QI et des idées pour améliorer les capacités qu'ils mesurent. Enfin, nous vous proposons de tester ce que le QI signifie pour vous et vous offrons quelques pistes pour acquérir une vision plus complète de l'intelligence.

CE QU'EST LE QI... ET CE QU'IL N'EST PAS

On obtient le quotient intellectuel, ou QI, en mesurant les aptitudes considérées par des psychologues comme étant constitutives de l'intelligence : notamment la logique, la rapidité de pensée et certaines connaissances. Tester ces aptitudes chez un adulte permet de comparer son intelligence avec celle d'autres adultes. C'est simple ? Pas tant que cela.

LE QI ÉQUIVAUT-IL À L'INTELLIGENCE ?

Comme on peut le mesurer, le QI paraît être une entité bien définie. Mais que mesure-t-on réellement, et que révèle le score sur notre capacité générale à penser ?

Les psychologues eux-mêmes ne s'entendent pas sur ce qui constitue le QI, ni sur la meilleure façon de le mesurer. La frontière entre aptitudes innées et acquises n'est pas toujours facile à définir. On invente sans cesse de nouvelles méthodes pour évaluer les subtilités de l'intellect, et les tests sont conçus pour gommer la dimension culturelle et les ambiguïtés ; néanmoins, des difficultés demeurent dans des domaines tels que le vocabulaire et la culture générale. Le fait que le QI réduise la diversité de l'esprit à un simple chiffre a également suscité des débats sur sa pertinence.

LE QI, MESURE DE LA RÉUSSITE

Il existe des données générales sur le lien entre le QI, la réussite et le milieu social. Un QI élevé s'exprime souvent par le succès scolaire, universitaire et professionnel, et les personnes appartenant aux 5 % des meilleurs scores ont généralement de très bons revenus. À l'inverse, celles qui se trouvent dans les 5 % des plus mauvais scores risquent statistiquement de connaître des problèmes sociaux et, plus généralement, existentiels. Néanmoins le QI se fonde sur un petit nombre de capacités, tandis que le succès découle d'une grande variété d'aptitudes, innées et acquises, grâce auxquelles nous nous adaptons et agissons. Certaines personnes au QI très élevé ont une existence difficile tandis que d'autres, au QI plus moyen, savent optimiser leur potentiel et réussissent mieux. Quoi qu'il en soit, ceci n'ôte pas toute légitimité aux tests de QI. S'ils ne peuvent fournir une vision complète de l'intelligence, l'importance des capacités qu'ils évaluent dépasse largement l'apprentissage formel et l'évolution de carrière.

10 IDÉES REÇUES

Ne vous laissez pas intimider par les idées reçues. Voici quelques exemples de ce que le QI n'est ou n'implique pas nécessairement :

- un diplôme universitaire de haut niveau
- un énorme stock d'informations factuelles
- la garantie d'un poste haut placé
- l'unique unité de mesure de votre potentiel
- une évaluation de votre réussite
- dépendant des gènes, de l'histoire sociale, de l'éducation
- être doté(e) d'une mémoire phénoménale
- savoir faire des calculs complexes à toute vitesse
- être très cultivé(e)
- parler facilement de politique internationale.

TESTER SON QI

S'il existe de nombreuses formes de tests de QI, allant des versions qui servent à des fins médicales ou éducatives, à des versions « récréatives », en passant par des tests adaptés à l'univers professionnel, tous mesurent en gros les mêmes aptitudes.

L'ÉCHELLE DE WECHSLER

Le test de QI officiel le plus fréquent est le WAIS (Wechsler Adult Intelligence Scale). Il a été conçu par le psychologue américain David Wechsler qui, en 1939, définit l'intelligence comme « la capacité globale à agir délibérément, à penser rationnellement et à interagir efficacement avec son environnement. » C'est généralement ce test qui est utilisé en milieu hospitalier, notamment pour les victimes d'AVC ou de lésion cérébrale. En milieu scolaire, on utilise le WISC (Wechsler Intelligence Scale for Children). Ce type de test est conçu pour évaluer nos facultés intellectuelles globales, mais aussi pour révéler nos forces et nos faiblesses dans certains domaines – une capacité à raisonner supérieure à la moyenne, ou plus de facilités avec les chiffres qu'avec les lettres. Afin de fournir une image aussi précise que possible des aptitudes mentales, le WAIS en teste 14, réparties en quatre domaines :

- rapidité de traitement des informations (absorption et interprétation rapide et appropriée)
- organisation perceptive (reconnaître des formes visuelles et percevoir les détails)

- compréhension verbale (vocabulaire, organisation et expression verbale d'une information)
- mémoire de travail (se rappeler et organiser des séquences de lettres et/ou de nombres).

Les deux premières sont considérées comme étant largement innées. La compréhension verbale, par contre, dépend fortement de l'éducation, formelle comme informelle. Nous examinerons plus loin en détail la mémoire de travail, qui comprend le calcul arithmétique et la façon dont nous nous souvenons des choses, car des recherches récentes ont montré qu'elle permettait d'améliorer son potentiel de QI.

AUTRES TESTS

Le test de Wechsler ne peut être réalisé que par des psychologues spécialement formés. Les tests que vous êtes le plus susceptible de rencontrer sont ceux de MENSA, ainsi que les tests « récréatifs » que proposent livres et sites Web. Ceux-ci couvrent généralement trois aspects de l'intelligence : aptitudes linguistique, aptitudes au calcul et logique, et peuvent vous donner une mesure intéressante de votre acuité mentale. De plus, il arrive que des genres de « test de QI » fassent partie des protocoles de recrutement. Ils se fondent sur le même type de questions et de contraintes horaires que les tests formels. Ils ne prétendent pas mesurer exactement le QI des candidats, mais les employeurs les trouvent utiles pour évaluer notamment leurs aptitudes au calcul, leur aisance linguistique ou leur capacité à concevoir des faits à partir d'un rapport.

COMMENT ON CALCULE LE QI

Afin de constituer une base légitime de comparaison, les tests de QI doivent être réalisés de façon très systématique. Pour les adultes, la classification se fonde sur le score moyen de l'ensemble de la population, qui est fixé à 100. Tracés sur un graphique, les résultats forment une courbe en cloche, la majorité générant le renflement central, et les extrémités étant constituées des cas les plus rares (voir ci-dessous). Deux tiers de la population obtiennent un score de 85 à 115.

Le score de 100 étant la moyenne pour un groupe de personnes donné, le niveau d'intelligence qu'il représente réellement est variable. En effet, il peut changer d'une génération, mais aussi d'un pays à l'autre (voir pages 70-71).

La plupart d'entre nous ignorent leur QI et se contentent d'imaginer un positionnement sur la courbe selon les résultats scolaires ou professionnels. Beaucoup minimisent leurs capacités intellectuelles et compensent en mettant d'autres facultés en avant. Cet ouvrage peut vous aider à améliorer votre QI et, ce qui est plus important, à optimiser la façon dont vous utilisez votre intelligence.

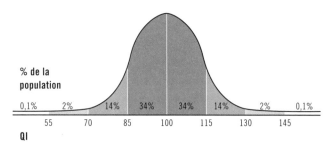

% de la population

0,1%   2%   14%   34%   34%   14%   2%   0,1%

55   70   85   100   115   130   145

QI

TEST DE QI : QUELQUES EXEMPLES

Que vous souhaitiez être performant(e) au cours d'une évaluation, professionnelle ou autre, ou juste augmenter votre score, l'exercice suivant vous aidera à vous familiariser avec le type de questions des tests de QI et à cerner les aptitudes qu'ils évaluent.

LA STRUCTURE DU TEST

Un test de QI officiel se compose de plusieurs sous-tests, et son degré de difficulté augmente au fur et à mesure. Dans les tests « récréatifs », le style des questions est assez proche, mais les domaines et les niveaux de difficultés sont mélangés. Il y a toujours un temps limite, car la rapidité de la pensée est, elle-même, un aspect de l'intelligence. Exercez-vous avec le test ci-dessous. Les réponses que vous ne trouverez pas ici sont pages 136 et 137.

INTELLIGENCE VERBALE

Les questions linguistiques servent à évaluer le vocabulaire et la compréhension verbale. Il s'agit généralement d'exercices sur les synonymes, les antonymes, les liens entre les mots, et les questions du type « quel est l'intrus ? » Quelques exemples :

1 Dans la liste ci-dessous, soulignez le mot dont le sens se rapproche le plus de SIMILAIRE

proche   semblable   dissemblable   même   égal

2 Trouvez un mot dont le sens constitue le lien entre les deux suivants :

liberté [................] fraternité

3 Un thermomètre est à la température ce qu'une montre est à ....

4 Quel est l'intrus ?

conduisit   nagea   voyagea   rama   marcha

FORMES ET SÉRIES

Les questions linguistiques recelant une dimension culturelle, les tests de QI privilégient les figures et les diagrammes, qui permettent d'éliminer cette dernière. Les questions du type de celles qui suivent emploient des séries de formes simples pour évaluer votre capacité à repérer des modèles et des séquences : il faut comprendre, puis appliquer la règle qui sous-tend la série. Par exemple :

Quelle est la forme suivante ? A, B, C, ou D ?

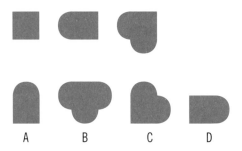

A   B   C   D

Ici, il s'agit de voir que les contours suivent des formes géométriques simples. À un carré s'ajoute d'abord un hémisphère, puis deux. La réponse est donc B, où apparaît un troisième hémisphère.

Les règles sur lesquelles se fondent les séries peuvent se rapporter à la taille ou à la forme des éléments, à leur rotation, à leur addition ou soustraction, ou à plusieurs éléments combinés. Les deux questions suivantes sont plus complexes. Il vous faut identifier aussi vite que possible la règle qui sous-tend chaque séquence, puis l'appliquer.

5 Qu'est-ce qui prolonge la série ?

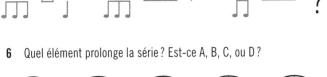

6 Quel élément prolonge la série ? Est-ce A, B, C, ou D ?

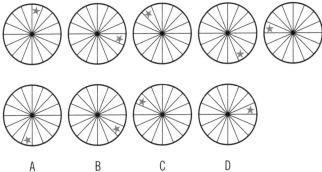

A B C D

NOMBRES

Les questions de calcul testent votre compréhension des fonctions arithmétiques et des bases de l'algèbre et de la géométrie, mais aussi votre aptitude à percevoir les liens existant entre les chiffres, et enfin votre rapidité. Certaines questions demandent un calcul mental, pour d'autres il s'agit de repérer des formes. Par exemple :

Quel nombre prolonge la série ?

2   4   16   256   ?

Une fois que vous avez compris que chaque nombre était le carré du précédent, vous pouvez calculer que le suivant sera 65 536 (256²).

En voici d'autres :

7 Deux nombres prolongent la série, lesquels ?

6   5   8   7   11   10   ?   ?

8 Quel est le nombre manquant dans cette série ?

37   46   ?   129   212

9 Dans cette grille, par quel nombre faut-il remplacer le point d'interrogation ?

B	C	D	D	15
A	D	C	B	17
A	A	A	A	12
B	B	A	A	16
16	17	15	?	

LOGIQUE

Certaines questions a priori mathématiques relèvent de la logique.

10 Quatre jardiniers tondent quatre pelouses identiques en quatre heures. Combien de jardiniers, ayant chacun une tondeuse, faut-il pour tondre 12 pelouses en 2 heures ?

Un autre type de question de logique présente une série d'affirmations dont il vous faut faire une déduction logique.

11 Toutes les briques sont en terre cuite. La terre cuite est toujours dure. La terre cuite est parfois rouge. Parmi ces cinq affirmations, laquelle est vraie ?

A Toutes les briques sont dures et rouges.

B Toutes les briques sont rouges.

C Seules certaines briques sont en terre cuite.

D Toutes les briques sont dures.

E Toutes les briques sont en terre cuite et dures.

12 Un diamant très précieux a été volé dans un palais situé au bord d'une rivière. Le(s) voleur(s) a/ont fui à bord d'une vedette. On sait que :

1 hormis M. Rose, M. Blanc et M. Orange, personne n'est impliqué

2 M. Orange ne commet jamais aucun méfait sans demander à M. Rose d'être son complice

3 M. Blanc ne sait pas conduire une vedette.

M. Rose est-il innocent ou coupable ?

Pour ce type de question, il faut vous représenter comment transformer une forme aplatie en objet tridimensionnel ou, comme ici, imaginer l'aspect d'un objet en 3D vu sous un autre angle.

13 Parmi les cubes suivants, lequel a le même lien avec C que B avec A ? D1, D2 ou D3 ?

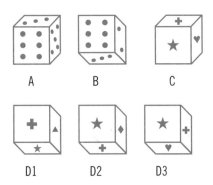

On peut vous demander d'imaginer comment les positions de différents objets peuvent changer l'une par rapport à l'autre. Sans utiliser ni papier ni crayon, en combien de temps pouvez-vous répondre à cette question ?

14 Vous faites face au nord. Avancez de 30 pas, tournez vers l'est et faites-en encore 30, tournez à 45° dans le sens inverse des aiguilles d'une montre et faites encore 50 pas. Retournez-vous et revenez de 20 pas sur vos traces. Tournez à 90° dans le sens des aiguilles d'une montre, faites 40 pas, puis tournez de 45° toujours dans le sens des aiguilles d'une montre. À quel point cardinal faites-vous face ?

RAPIDITÉ MENTALE

Les tests de QI demandent autant de rapidité que de précision. En athlétisme, quelques millisecondes séparent les 20 meilleurs coureurs de 100 m ; de même, d'infimes écarts de vitesse peuvent avoir un effet majeur sur la performance mentale. Vous pouvez améliorer vos résultats d'environ 15 points aux tests de QI grâce à la pratique et à la bonne attitude mentale. Faites les exercices proposés : ils aiguiseront vos réactions.

* * * * *

Faites régulièrement des tests de QI afin de vous « brancher » sur les règles qui les sous-tendent. Des jeux électroniques, ainsi que des tests dans des livres et des magazines sont autant d'occasions de vous entraîner.

* * *

Augmentez votre vocabulaire en résolvant des mots croisés, des anagrammes, en jouant au Scrabble, etc.

* * *

Familiarisez-vous avec les nombres et leurs liens entre eux, c'est un sujet qui revient fréquemment. Replongez-vous dans les tables de multiplication, les carrés, les nombres premiers. Jouez au Killer Sudoku ou au Kakuro, cela renforcera votre aptitude au calcul et à la déduction logique.

* * *

Entraînez-vous à reconnaître les formes. Composez des phrases, sensées ou loufoques, avec les lettres des plaques minéralogiques. Repérez des séquences dans les numéros de téléphone ou de carte bleue.

POUR VOUS, QUE SIGNIFIE LE QI ?

Avant de vous intéresser à la signification du QI, au-delà des tests et des scores, répondez à ce questionnaire. Ceci vous aidera à comprendre ce que signifie le QI pour vous, et vous donnera des pistes de développement.

VOTRE AUDIT QI

1 : Je pense que mon QI est …	
plus élevé que les autres ne le croient	A
proche de celui de la majorité, bien que nous n'ayons pas tous les mêmes chances	B
plus bas qu'on ne le croit, mais que personne ne s'en est encore rendu compte	C
inefficace, car je n'ai pas tout le succès que je mérite	D
2 : Mes capacités innées montrent que …	
je suis doué(e) pour les figures, mais pas pour les mots	A
je suis doué(e) en tout	B
pour réussir, je sais adapter mes capacités à mes besoins	C
je suis meilleur(e) en communication qu'en calcul	D
3 : À l'école …	
j'aurais pu être meilleur(e) mais je fréquentais les mauvais élèves	A
j'aimais travailler et les bonnes notes comptaient plus pour moi que les amis	B
je n'aimais pas avoir de bonnes notes et je minimisais mes capacités	C
je fréquentais des gens qui partageaient mes rêves et mes aspirations	D

4 : Vis-à-vis des études, mon attitude est ...

je les évite, car j'ai peur de rater les examens	A
je ne vois pas à quoi ça sert	B
je l'ignore : ce que l'on fait est plus important que ce que l'on sait	C
on peut toujours apprendre de nouvelles façons de penser, mais aucune qualification ne garantit le succès	D

5: Ce que je pense de la lecture ...

les gens au QI élevé sont des gens instruits	A
les gens intelligents lisent beaucoup, parce qu'ils s'intéressent à ce qui se passe dans le monde	B
les gens normaux sont trop occupés pour lire	C
les gens instruits n'ont pas nécessairement un QI élevé	D

6 : Les responsabilités ...

au travail, j'en redemande	A
je les évite le plus possible	B
on ne m'en propose pas	C
je n'en prendrais pas plus au travail sans contrepartie financière	D

7 : Votre intuition, votre « voix intérieure » ...

je l'écoute rarement avant de prendre une décision	A
je pense que je dois faire ce qui me semble adapté, sans trop analyser ma décision	B
j'ai la sensation que mon instinct est en conflit permanent avec ma logique	C
ça existe, la voix intérieure ?	D

8 : Vis-à-vis des projets, mon attitude est ...

il est impératif de vivre ici et maintenant	A
il est nécessaire de planifier ce que l'on veut	B
il faut atteindre ses objectifs avant de se faire plaisir	C
il faut équilibrer le plaisir immédiat et les projets pour le futur	D

9 : Ma conception de la vie ...

c'est aborder l'avenir avec optimisme	A
ce sont les cinq minutes qui viennent ; ce qui vient après n'a pas d'importance	B
c'est souvent une question de chance et de destin, et ça dépend peu de moi	C
c'est que chacun est l'artisan de son bonheur	D

10 : Concernant le succès professionnel, je pense ...

que les personnes haut placées ont les QI les plus élevés	A
que ce sont vos relations qui déterminent votre réussite	B
que le QI est moins important que la réputation de votre université	C
qu'il faut prendre des risques pour avoir du succès	D

11 : Concernant le lien entre QI et effort ...

pour avoir du succès, il faut travailler dur	A
certaines personnes sont nées pour gagner, et on n'y peut pas grand-chose	B
pour réussir, le QI peut remplacer l'effort	C
je peux faire le choix de l'efficacité, et il existe des techniques pour m'aider à y parvenir	D

12 : Concernant l'influence du QI sur ma personne, je pense ...

que ma personnalité est indépendante de mon QI	A
que comme tout passe par ma pensée, le QI joue un rôle dans mes relations	B
que le QI fait partie de moi mais n'influence pas mes relations avec autrui	C
que mon QI détermine ma personnalité	D

13 : Concernant l'influence du QI sur ma vie, je pense ...

qu'il est important professionnellement, c'est tout	A
qu'il influence la façon dont j'organise mes loisirs	B
qu'il ne concerne que ma pensée. Ma vie est indépendante de ma pensée	C
qu'il joue un rôle-clé dans ma vie	D

14: Le QI ...

est déterminé génétiquement, et on n'y peut pas grand-chose	A
est influencé par les gènes, dont ma réussite ne dépend cependant pas	B
est un mélange de toutes sortes d'influences, y compris les gènes est un facteur parmi tous les autres	C
évolue avec chaque expérience	D

RÉSULTAT

À l'aide du tableau ci-dessous, déterminez vos scores et additionnez-les. Reportez-vous à la page suivante pour découvrir ce que le total révèle de votre idée du QI.

	A	B	C	D		A	B	C	D
1	4	2	3	1	8	2	3	1	4
2	1	3	4	2	9	4	2	1	3
3	1	3	2	4	10	3	1	2	4
4	1	2	3	4	11	2	1	3	4
5	1	4	2	3	12	1	4	2	3
6	4	3	2	1	13	3	1	2	4
7	2	4	3	1	14	1	3	4	2

Votre audit QI : résultats

15—26 Vous devez développer votre compréhension de ce qu'est le QI et apprendre à augmenter vos capacités. Il vous faut aussi définir le cours de votre vie et ne pas attribuer vos succès et vos revers à des facteurs extérieurs. Les conseils pour établir un projet de vie (voir pages 128-129) vous aideront à agir sur le monde qui vous entoure et à être moins vulnérable vis-à-vis des influences extérieures.

27—36 Vous êtes plus intelligent(e) que vous ne le pensez, mais en raison de votre manque de confiance, vous risquez de ne pas en tirer parti. Avant de prendre une décision, servez-vous de méthodes comme la chaîne d'inférence (voir page 90) pour explorer différentes voies, et validez vos intuitions à l'aide des questions proposées à la page 60.

37—46 Vous disposez des clés du succès : il ne vous reste qu'à améliorer votre QI pour gagner en efficacité. De légers changements de comportement vous donneront une assurance accrue. Il faut vous servir de vos connaissances (voir pages 78 à 81) et prendre la responsabilité de vos décisions. Allez-y et ayez confiance en vous !

47—56 Votre vision du rôle que joue le QI dans votre vie est excellente, et vous utilisez vos capacités mentales presque au maximum. Vous pouvez encore améliorer votre QI grâce aux idées et aux exercices proposés dans ce livre. Et pourquoi ne pas apprendre une nouvelle langue ou un instrument de musique ? Cela ferait travailler vos deux hémisphères cérébraux en harmonie (voir page 40).

L'ÉNIGME DU QI

Les tests de QI sont un bon outil, mais ils ne reflètent cependant pas toute l'intelligence humaine. Comment définir l'intellect au-delà des limites du quotient intellectuel ?

INTELLECT ET INTELLIGENCE

De nos jours, on admet largement l'idée selon laquelle l'intelligence a de multiples facettes. Par exemple, la théorie des « intelligences multiples » d'Howard Gardner étend la notion d'aptitude mentale aux intelligences kinesthésique et interpersonnelle. Néanmoins, bien que contribuant à faire de nous des individus aboutis, ces aptitudes sont étrangères à ce que l'on définit formellement comme des capacités cognitives supérieures, telles que comprendre des idées complexes, penser logiquement, projeter, et résoudre les problèmes. C'est sur ces aspects intellectuels de notre intelligence que se concentre ce livre.

PEUT-ON AMÉLIORER SON QI ?

Depuis des années, il y a débat sur la possibilité de continuer à améliorer son intelligence pure (par opposition aux facultés acquises) une fois atteint l'âge adulte.

Science-fiction

L'idée d'augmenter la faculté de penser fascine l'être humain depuis des millénaires, des philosophes grecs jusqu'aux pionniers des neurosciences. Si c'est là un motif familier dans la science-fiction, il n'y a cependant pas dans ce domaine de progrès scientifique du type « potion magique ». Peut-être l'avenir verra-t-il un développement révolutionnaire du cerveau, mais les neuroscientifiques d'aujourd'hui restent encore prudents.

Faits scientifiques

Il existe trois façons potentielles d'optimiser votre QI :

- **Vous entraîner** Cela aide à améliorer vos scores aux tests de QI en améliorant votre rapidité et votre mémoire. Ces deux aspects du QI sont importants ; ils sont néanmoins limités et n'influent ni sur le jugement, ni sur la validité de nos décisions.
- **Réaliser vos potentiels** Comme nous le verrons au chapitre 2, l'équilibre du système chimio-électrique du cerveau dépend de l'alimentation, de l'exercice, du contrôle du stress, et du bien-être psychologique général. Cet équilibre, associé à l'amélioration de votre capacité de penser, de penser logiquement, et au dépassement de vos blocages mentaux, forme la base de l'optimisation de votre QI.
- **Augmenter votre QI** On pensait jusqu'à présent que si le QI pouvait être stimulé jusqu'à 18 ans dans une certaine mesure, il devenait ensuite définitif. Mais de nouvelles études montrent que les adultes peuvent aussi accroître leur QI. Parmi les recherches, notamment sur les compléments alimentaires et les nootropiques (drogues stimulant le cerveau), celles portant sur le rôle de la « mémoire de travail » sont particulièrement intéressantes (voir page 84).

Il est séduisant de penser que l'on peut augmenter son QI. Néanmoins, le meilleur moyen d'agir sur votre intelligence est de vous entraîner à utiliser au maximum les atouts intellectuels dont vous disposez déjà.

AU-DELA DE LA COURBE EN CLOCHE

Notre performance à un test de QI peut varier selon notre niveau d'attention, notre familiarité avec ce type de test, et même notre humeur. On peut en conclure d'une part qu'un test de QI n'est jamais qu'une mesure partielle de l'intelligence, et d'autre part que si un détail aussi trivial que le manque de sommeil peut amoindrir notre score, le fait d'utiliser au mieux nos capacités accroîtrait considérablement notre potentiel. Dès que l'on considère l'intelligence comme un concept beaucoup plus vaste que la position que l'on occupe sur une courbe de QI (voir page 18), nous l'appréhendons de façon plus significative et plus personnelle. Le fait d'optimiser nos capacités mentales supérieures peut améliorer nos relations et nous rendre plus conscient(e) de notre place et de notre finalité dans le monde, et augmenter notre rayon d'action dans la vie.

> ### QI : UNE DÉFINITION QUI OUVRE L'ESPRIT
> Le QI reflète notre capacité à résoudre les problèmes, à réfléchir, et à anticiper l'effet de nos actes. Il est aussi lié à notre faculté à filtrer et à assimiler un flot d'informations, et à nous adapter au changement constant du monde qui nous entoure. Par essence, le QI résulte de l'interaction de diverses capacités mentales et personnelles faisant de nous des êtres humains performants.

LES PARTIES CONSTITUTIVES DU QI

La qualité du travail fourni par notre cerveau dépend de nombreux facteurs influant sur nos activités mentales et physiques, depuis les connexions de nos cellules cérébrales aux nutriments contenus dans notre alimentation, en passant par le stress de l'environnement.

Ce chapitre traite de la structure et du fonctionnement du cerveau impliqués dans la réflexion. Il explore également la façon dont les facteurs physiques, psychologiques et environnementaux interagissent, et comment on peut les exploiter et les améliorer pour optimiser son QI.

L'INTELLIGENCE : UN RÉSEAU

De nombreux éléments influencent le QI, chacun lui apportant une contribution spécifique. Qu'un seul de ces éléments soit déficient, et il est moins aisé d'utiliser à plein nos capacités intellectuelles.

VISUALISER LE QI

Pour visualiser les différentes dimensions interdépendantes du QI, imaginez-le sous la forme d'un réseau dont chaque fil joue un rôle qui lui est propre. Le QI est optimal lorsque chaque fil, ou facteur, opère à sa puissance maximale. Si au contraire certains fils sont défectueux, cela affecte le réseau tout entier, certaines connections se perdent, et même des fils solides perdent de leur force.

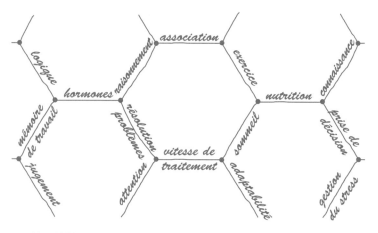

LE LIEN CORPS-ESPRIT

Lorsque le philosophe René Descartes déclarait « Je pense donc je suis », il exprimait avec concision le lien existant entre le moi mental et le moi physique. De nombreuses fonctions corporelles, telles le battement cardiaque, les tensions artérielle et musculaire, l'excitation sexuelle, ou la salivation, sont pour une grande part déclenchées et modifiées par la pensée. À l'inverse, notre état physique peut également influer sur notre esprit.

Imaginez comment se sent quelqu'un qui n'a ni dormi ni mangé depuis 48 heures : épuisé, hébété, incapable d'une pensée claire, avec un cerveau semblant marcher à mi-régime – ce qui est d'ailleurs effectivement le cas. C'est là un exemple extrême, mais le manque est affaire de degré : dans des conditions non optimales, votre cerveau ne peut travailler idéalement, quelle que soit par ailleurs votre intelligence.

Avant de nous intéresser aux facteurs physiologiques et psychologiques pouvant contribuer à optimiser le QI, examinons la façon dont le cerveau travaille.

COMMENT TRAVAILLE LE CERVEAU ?

Chaque pensée ou sensation, qu'il s'agisse de trouver le coupable dans un policier, de se rappeler un poème ou de sentir la chaleur d'une flamme, demande au cerveau de recevoir, d'assimiler et de transmettre une série d'informations à la vitesse de l'éclair.

On appelle « neurones » les cellules cérébrales chargées de ce processus. Chaque neurone est composé d'un corps cellulaire, d'une longue extension, l'axone, et de petites fibres, les dendrites.

L'information part de la cellule vers l'axone sous forme de signal électrique. Lorsqu'un signal atteint l'extrémité d'un axone, il déclenche la libération d'un neurotransmetteur, substance chimique qui lui permet d'enjamber de petits espaces, les synapses, pour atteindre les dendrites ou le corps des neurones avoisinants. C'est la combinaison voltage – vitesse – synchronisation, impliquant des millions de neurones et des milliards de synapses, qui détermine l'efficacité de la pensée.

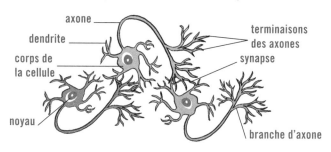

L'apprentissage et les expériences tracent des « voies » dans ce système neurologique, fixant ainsi la façon dont nous traitons l'information. Le cerveau d'un enfant fait cela sans cesse à toute vitesse. Les adultes sont aussi en mesure d'établir des connexions nouvelles, mais cela leur demande plus d'effort que de suivre les voies auxquelles ils sont habitués. La manière dont un cerveau lésé, par exemple après un AVC, trace de nouvelles voies en contournant les neurones endommagés montre son adaptabilité potentielle à de nouvelles façons de penser. Les moyens contribuant à maintenir le système réactif sont nombreux, des jeux favorisant la souplesse intellectuelle au fait d'apprendre et de résoudre des problèmes, en passant par le bien-être physique et psychologique.

LES DEUX HÉMISPHÈRES DU CERVEAU

Le cortex cérébral se divise en deux moitiés, les hémisphères. Chacun est conçu pour contrôler le côté opposé du corps : l'hémisphère gauche contrôle le côté droit et vice versa. La raison de ce modèle est encore un mystère neuropsychologique, mais nous savons que les deux côtés contribuent de façon très différente aux processus mentaux.

CERVEAU GAUCHE, CERVEAU DROIT

L'hémisphère gauche est en charge du langage, de l'évaluation rationnelle de l'information, et de la mise en place de ce que nous apprenons. L'hémisphère droit produit une pensée plus holistique et intégrative, et c'est lui qui est à l'origine de notre élan créatif.

Vue en coupe du cerveau

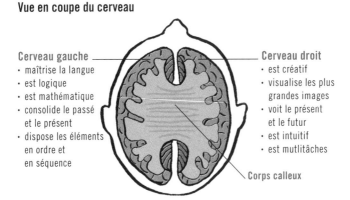

Cerveau gauche
- maîtrise la langue
- est logique
- est mathématique
- consolide le passé et le présent
- dispose les éléments en ordre et en séquence

Cerveau droit
- est créatif
- visualise les plus grandes images
- voit le présent et le futur
- est intuitif
- est mutlitâches

Corps calleux

De nombreuses tâches requièrent une coopération des deux hémisphères, reliés par un épais faisceau de nerfs, le « corps calleux », dont la taille varie d'un individu à l'autre. Des recherches ont montré que celle-ci était liée à la force et à la rapidité de la communication entre les hémisphères. Le corps calleux des gauchers est plus grand et plus performant, ce qui pourrait les avantager pour les activités dont le degré de rapidité et de difficulté nécessite l'usage conjoint des deux hémisphères, expliquant le pourcentage élevé de gauchers chez les sportifs de haut niveau ou dans des métiers comme l'architecture.

La coordination de l'activité des deux hémisphères est une orchestration complexe, que gère un système nommé « processeur central ». Il agit comme le PDG d'une société, choisissant les pensées devant être traitées, où elles doivent l'être et comment. Ce processus s'opère naturellement, mais vous pouvez l'améliorer en entraînant vos facultés intellectuelles.

LA PENSÉE INTÉGRÉE

Pour améliorer son QI, il est indispensable de favoriser une interaction harmonieuse entre les fonctions des deux hémisphères cérébraux. Exploiter les forces des deux côtés pour résoudre un problème, évaluer une information ou la retenir, peut améliorer votre discernement, votre rapidité mentale et votre mémoire.

Avez-vous remarqué qu'il est plus facile d'assimiler une information en utilisant et l'ouïe et la vue, comme dans un reportage illustré ? Cette perception multimodale fait appel à l'hémisphère gauche par les mots que vous entendez, et au droit grâce aux visuels.

S'ENTRAÎNER À LA PENSÉE INTÉGRÉE

L'exercice suivant vous aidera à faire fonctionner simultanément vos deux hémisphères cérébraux.

- Pour cet exercice, dit « test de Stroop », utilisez des crayons de couleur pour écrire le nom d'une couleur différente, par exemple un crayon rouge pour écrire VERT. Lisez les mots. Puis, nommez les couleurs que vous voyez et non les mots. (Vous trouverez de nombreux exemples de ce jeu sur Internet).

- Comparez des objets ou des organismes à des animaux. Par exemple, « ma tasse ressemble à une ventouse de poulpe » ou « cette société est comme un rhinocéros furieux fonçant à travers la forêt. »

- Utilisez votre « mauvaise » main pour écrire ou dessiner (la gauche pour les droitiers et vice versa). Que ressentez-vous physiquement ? Mentalement ?

VOCABULARIO ESPAÑOL

Si apprendre une langue étrangère est une tâche pour le cerveau gauche, associer les jeux de mots (hémisphère gauche) et les images visuelles (hémisphère droit) favorise la mémorisation des mots.

L'association de mots nouveaux et d'images parlantes (voir ci-dessous) accélère le processus d'acquisition.

Gato (chat) : dessinez un chat léchant un gros gâteau à la crème.

Mirar (regarder) : imaginez que vous vous regardez intensément dans un splendide miroir ; saluez votre reflet.

Parada (arrêt de bus ou de train) : imaginez une bruyante parade qui crie soudain « Halte ! » en arrivant à un stop.

LA MÉMOIRE DE TRAVAIL

La capacité de la mémoire de travail est fortement liée à notre intelligence globale, et on a pu établir ces dernières années qu'elles pouvaient toutes deux être améliorées, tant chez l'adulte que chez l'enfant.

QU'EST-CE QUE LA MÉMOIRE DE TRAVAIL ?

La mémoire de travail est un autre terme se rapportant à la mémoire à court terme. Mais comme on utilise généralement « mémoire à court terme » pour évoquer les souvenirs récents (ce que j'ai mangé hier, pourquoi j'ai monté les escaliers) qui sont en fait archivés dans notre mémoire à long terme, ce terme n'est pas indiqué.

La mémoire de travail est en fait ce qui nous permet de retenir et de manipuler mentalement l'information. Nous l'utilisons par exemple pour composer correctement un numéro de téléphone que l'on vient de nous donner, pour le calcul mental, pour comprendre le sens d'une conversation ou d'un débat. On peut la considérer comme une « zone de stockage » pour les informations qui, ensuite, peuvent influer sur nos actes, être rejetées, ou stockées dans la mémoire à long terme.

COMMENT FONCTIONNE LA MÉMOIRE DE TRAVAIL ?

La mémoire de travail est dirigée par le « processeur central » du cerveau (voir page 40), qui envoie vers l'un des deux systèmes cérébraux l'information devant être traitée – sensorielle, verbale ou autre. Ainsi, les mots et les nombres que nous lisons ou entendons sont traités dans la « boucle articulatoire » de l'hémisphère gauche, tandis que les données visuelles ou spatiales sont traitées par le « calepin visuo-spatial » du cerveau droit.

Mais ces deux systèmes ne sont pas indépendants l'un de l'autre, et le processeur central coordonne leurs apports respectifs pour traiter l'information. Par exemple, pour lire une carte il est nécessaire de recevoir et de manipuler conjointement des informations verbales – les noms de rues – mais aussi visuelles – les relations entre les rues elles-mêmes.

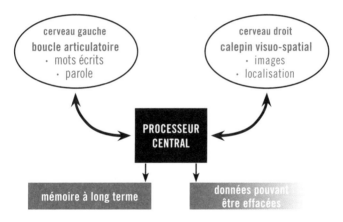

LA MÉMOIRE DE TRAVAIL EN ACTION

Notre mémoire de travail est généralement en mesure de retenir jusqu'à sept « unités » de données. Faites le test : demandez à quelqu'un d'énoncer une série arbitraire de chiffres, et voyez combien vous pouvez en répéter. Essayez ensuite de réciter la liste de chiffres à l'envers. La plupart d'entre nous peuvent mémoriser sept chiffres dans le bon sens, et cinq dans le sens inverse.

Comment avez-vous fait pour répéter les chiffres ? Vous vous les êtes sans doute récités à vous-même : c'est la dimension répétitive de la boucle articulatoire en activité. Mais quand il s'agit de reproduire une liste de chiffres à l'envers, surtout s'ils sont plus de quatre ou cinq, vous les visualisez généralement comme s'ils étaient écrits devant vous. En faisant cela, vous mettez en route votre calepin visuo-spatial.

La mémoire de travail étant une faculté active – et pas seulement un outil de stockage –, l'accroître peut avoir un impact positif sur l'ensemble de vos capacités intellectuelles. Au chapitre 4, vous trouverez des conseils pratiques pour la développer (voir pages 84-85).

COMMENT BOOSTER VOTRE POTENTIEL CÉRÉBRAL ?

Outre le fait d'accroître votre intelligence, améliorer votre mémoire peut également modifier la structure de votre cerveau. Dans le cadre d'une étude, les scanographies des cerveaux de plusieurs chauffeurs de taxi londoniens ont montré que leurs hippocampes (l'hippocampe contribue à stocker les souvenirs ayant trait aux lieux et aux trajets) étaient plus grands que la moyenne. Or, pour pouvoir exercer, les chauffeurs de taxi londoniens doivent mémoriser les 25 000 rues de Londres, décrire la route la plus directe reliant deux points et localiser les monuments de la ville. Pour leur examen, ils assimilent ces informations en utilisant à la fois leur boucle articulatoire et leur calepin visuo-spatial, les enregistrent de manière efficace, puis les récupèrent à l'aide de balises associatives (page 77) pour chaque nouvelle course.

NOURRIR SON ESPRIT

La recherche a établi une corrélation entre la nourriture et le QI des enfants, dont les fonctions mentales gagnaient beaucoup lorsqu'ils passaient d'une alimentation pauvre à un régime équilibré. De plus en plus d'éléments indiquent qu'une meilleure alimentation peut améliorer les facultés intellectuelles – à tout âge.

ALIMENTATION ET FONCTION

Deux des principaux systèmes physiologiques déterminant le fonctionnement global du cerveau sont :

le métabolisme l'ensemble des processus chimiques du corps, dont ceux qui transforment les aliments en « carburant » pour le cerveau

le système nerveux le cerveau, les nerfs et les voies neuronales, qui créent les associations, les souvenirs, et traitent l'information.

Les processus mentaux sont relayés par quatre neurotransmetteurs-clé, qui sont des « messagers chimiques » agissant sur les voies neuronales (voir pages 37-38). Certains aliments contiennent une grande quantité de ces substances chimiques, qui sont :

- **La dopamine** régule l'attention et la motivation, incite le cerveau à rechercher des informations ou des récompenses psychologiques.
- **L'acétylcholine** régule le traitement des informations sensorielles, aide le cerveau à encoder les souvenirs et à y accéder.

- Le **GABA** contrôle la quantité des autres neurotransmetteurs présents dans le cerveau, contribue à réguler l'anxiété. Présente en quantité dans : l'amande, le brocoli, la noix.
- **La sérotonine** régule l'humeur, évite les comportements impulsifs. Présente en quantité dans : la dinde, la banane.

LE GLUCOSE, CARBURANT DU CERVEAU

Le glucose est un glucide, et le cerveau ne fait pas de différence de valeur entre les sources d'approvisionnement en glucides — riz complet, miel, barre de chocolat, etc. La seule différence réside dans la vitesse à laquelle le glucose atteint le cerveau. Tandis que les formes simples de glucides — fruits, sucre et sucreries — sont absorbées rapidement, l'extraction et l'assimilation du glucose contenu dans les pâtes, les céréales ou les pommes de terre est un processus beaucoup plus lent. Les premiers fournissent au cerveau un « flash » de sucre, les seconds plutôt un « goutte-à-goutte ».

Notre corps peut tirer de l'énergie de la graisse stockée, mais notre cerveau ne peut pas stocker le glucose ; il faut donc lui en fournir régulièrement. Néanmoins, un apport soudain de sucre peut être aussi nuisible que la privation : les comas hypo- et hyperglycémique des diabétiques sont des effets extrêmes de l'excès et du manque.

Le simple fait de sauter le petit-déjeuner peut perturber le métabolisme du glucose et réduire l'activité électrique du cerveau, aussi vaut-il mieux commencer la journée en mangeant des aliments riches en glucides complexes, comme les céréales et le pain complet qui lui fourniront, ainsi qu'à notre corps, un apport lent et régulier de glucose.

Des études ont montré qu'en bouleversant l'équilibre entre l'insuline et le glucose, une alimentation riche en glucides raffinés (farine blanche, sucre blanc, etc.) peut réduire le fonctionnement intellectuel de 25 %.

Le fait d'assurer un « goutte-à-goutte » nutritionnel à votre cerveau aide à éviter la baisse d'énergie physique et mentale de l'après-midi.

UNE BOUFFÉE D'AIR PUR

L'oxygène est une autre substance vitale pour le cerveau, et bouger est l'une des meilleures façons d'augmenter son apport d'oxygène. L'activité physique améliore toutes les fonctions corporelles, y compris la circulation du sang (qui fournit de l'oxygène au cerveau), le métabolisme du glucose et l'activité des neurotransmetteurs.

Elle a aussi un effet positif sur l'humeur, la concentration et la vivacité mentale, et favorise un sommeil réparateur.

Pratiquer une activité physique ne signifie pas se rendre régulièrement dans une salle de sports. Vous aurez plus de chances de ne pas abandonner un sport qui vous plaira, qu'il s'agisse d'une marche quotidienne ou d'un cours de boxe.

LE POUVOIR DU RIRE

Rire peut accroître notre bien-être physique et psychologique. Cela nous fait respirer plus profondément et absorber plus d'oxygène. Cela relaxe également nos muscles, fait baisser notre tension artérielle et combat le stress. Rire peut être positif pour notre intellect : une plaisanterie ou une façon amusante d'aborder un sujet peuvent libérer l'esprit, ouvrant la voie à une vision nouvelle ou plus large de ce sujet.

LES NUTRIMENTS

Chaque semaine apporte son lot de déclarations et de contre-déclarations sur les aliments et les compléments alimentaires améliorant (ou entravant) le travail du cerveau. Les nutriments fonctionnent de façon complexe et coordonnée, il serait donc simpliste, et faux, de déclarer qu'une simple dose de X ou de Y suffit à améliorer l'efficacité cérébrale. Néanmoins, certaines substances sont connues pour influer sur le fonctionnement du cerveau :

- **Les acides gras oméga-3** Ils font partie des acides gras essentiels qui protègent la membrane des cellules et améliorent la circulation sanguine. Des recherches indiquent que les oméga-3 pourraient accroître l'intelligence. Parmi les aliments riches en oméga-3, on trouve les graines de lin, les huiles de noix et de colza, et les poissons gras.

- **La vitamine B$_{12}$** Elle maintient les cellules nerveuses en bonne santé. Une carence entraîne un affaiblissement de la mémoire. On trouve de la vitamine B$_{12}$ dans de nombreux poissons et crustacés, dans la viande (surtout le foie), et en quantité moindre dans les produits laitiers, mais pas dans les végétaux – sauf les algues –; les végétaliens doivent donc en absorber en complément.

- **La caféine** Présente dans le café, le thé, le cola ou le chocolat, la caféine est un stimulant mental. Deux tasses de café stimulent à court terme la mémoire de travail et peuvent améliorer l'humeur et l'attention. La caféine déclenche aussi une production de dopamine (voir page 45). Mais absorbée en excès, elle peut rendre anxieux, altérer le sommeil et aggraver une dépression.

LES INFLUENCES PSYCHOLOGIQUES

Le rapport entre la qualité de notre fonctionnement cérébral et notre état d'esprit n'est pas toujours évident. Mais comprendre l'influence de notre humeur et de notre personnalité peut nous aider à améliorer notre production mentale.

FACTEURS DURABLES ET ÉPHÉMÈRES

Notre capacité à penser clairement est influencée par de nombreux facteurs internes et externes. Les premiers comprennent notre humeur et nos attitudes, les seconds la quantité d'information qui nous est accessible ou la qualité de nos liens sociaux.

Le tableau ci-dessous présente quelques-uns de ces facteurs. Certains d'entre eux sont relativement stables durant toute notre vie,

STABLE	MIXTE	FLUCTUANT/ SITUATIONNEL
La personnalité détermine notre motivation, nos réactions, notre désir de réussir.	**L'attitude** détermine notre perception des avantages et inconvénients d'une activité donnée.	**L'humeur** affecte notre confiance dans le succès des tâches que nous effectuons.
La préférence manuelle influe sur notre mode de pensée prédominant (voir page 40).	**L'intuition** dépend de notre capacité à écouter notre voix intérieure, et à la suivre ou non.	**Le stress** provenant de facteurs extérieurs – bruit, mauvaises relations – peut gêner nos activités.

d'autres plus fluctuants : ils peuvent changer de nature ou aller et venir selon les circonstances. Ce sont des facteurs « situationnels ». Il est utile de reconnaître si certains facteurs nous affectent pour pouvoir réagir de façon appropriée : par exemple en faisant quelque chose d'agréable pour se détendre ou se remonter le moral.

LE QI ET LE FLOW

Le « flow » est un concept important dans le domaine émergent de la psychologie positive. Il décrit un état d'efficacité psychologique optimale dans lequel l'on exploite au mieux ses capacités. Il survient par exemple lorsque vous êtes plongé(e) dans une activité que vous connaissez bien. Vos pensées sont alors plus claires et plus créatives que d'ordinaire, et votre profonde immersion dans le processus vous emplit d'énergie, vous fait perdre la notion du temps et ressentir une grande paix et une totale maîtrise de ce que vous faites.

Comme pour la concentration, vous pouvez prendre conscience du flow après l'avoir ressenti, mais pas pendant. Cet état mental n'est pas toujours facile à atteindre, mais certaines conditions peuvent le favoriser (voir page ci-contre).

De nombreuses entreprises, qui gagneraient à encourager leurs employés à penser plus efficacement, produisent paradoxalement un climat empêchant ces derniers de ressentir le flow. Mais les salariés commencent à prendre conscience des avantages qu'il y a à travailler pour une entreprise favorisant ce phénomène.

CRÉER UN FLOW MAXIMUM

Les circonstances entraînant un flow optimal ne sont pas les mêmes pour tout le monde. Lorsque vous testerez les conditions qui vous conviennent, prenez ce qui suit en considération jusqu'à ce que vous trouviez l'environnement idéal pour atteindre cet état.

* * * * *

Cadre
Assurez-vous que la luminosité, la température, votre siège et l'ambiance générale vous conviennent.

* * *

Distractions
Protégez-vous des interruptions et des bruits gênants. Néanmoins, un bruit de fond ou une musique (voir page 69) peuvent favoriser le flow.

* * *

Aspects psychologiques
Donnez-vous un délai réaliste mais stimulant : un léger stress de ce type stimule souvent la concentration. Focalisez-vous sur vos atouts pour augmenter vos chances de réussir, et débarrassez-vous des craintes et des pensées négatives.

* * *

Aspects physiques
Pour atteindre un état de flow, il faut être reposé(e) et avoir fourni à son cerveau le glucose dont il a besoin : faites en sorte de dormir assez et de bien manger. Certains cerveaux sont plus rapides après un apport de caféine.

PENSER LA PENSÉE

Notre point de vue peut seconder ou entraver notre intelligence : le QI et nos capacités mentales sont fortement dépendants de notre état d'esprit.

Ce chapitre commence par un élément essentiel de l'apprentissage et de l'intelligence : la métacognition, connaissance que l'on a de ses propres processus cognitifs. Il se poursuit par l'examen de la façon dont notre subconscient peut influer sur notre perception des problèmes et des défis intellectuels, et ériger des barrières mentales nous empêchant d'exploiter tout notre potentiel. Nous explorerons également la logique, l'élargissement du point de vue et l'attention, des aptitudes qui, dépassant les capacités nécessaires pour passer un test de QI, amplifieront votre intelligence globale et amélioreront votre vie dans son ensemble.

LA MÉTACOGNITION

Une des caractéristiques de l'être humain est la connaissance qu'il a du processus cognitif, de la façon dont il peut aborder un problème ou, rétrospectivement, dont il a trouvé une solution. Les psychologues appellent cette connaissance la « métacognition ».

PENSER L'APPRENTISSAGE

La métacognition est « la pensée de la pensée ». Tandis que la cognition est ce qui se passe lorsque votre esprit découvre un nouveau sujet, la métacognition est l'acte d'estimer ce que vous pensez et faites au cours même du processus. Elle est notamment associée à l'apprentissage et à la résolution des problèmes.

Nous y avons recours quotidiennement, lorsque nous travaillons ou étudions, mais aussi pour des tâches ordinaires comme tester une nouvelle recette ou conduire dans une zone inconnue. Penser à la façon dont nous pensons nous rend plus efficaces et plus objectifs.

EXPLOITER LA MÉTACOGNITION

La métacognition comprend deux éléments principaux : connaissance de soi (y compris des facteurs pouvant fausser les pensées), et contrôle du processus. Ce dernier inclut la façon de planifier, de mener et d'évaluer votre action. Il vous faut d'abord définir la nature du défi (page 93), puis suivre le processus décrit ci-dessous. Pour chaque phase, répondez à toutes les questions pour acquérir un meilleur contrôle de votre activité.

Organisation	Quelles sont les aptitudes que je peux appliquer à cette tâche ?
	Combien de temps me faut-il ?
	De quelles ressources ai-je besoin ?
	Quelles tâches dois-je accomplir, et quand ?
	Par quoi dois-je commencer ?
Contrôle	Suis-je sur la bonne voie, ou me faut-il changer d'approche ?
	Dois-je accélérer ? Ralentir ?
	La situation a-t-elle changé depuis que j'ai commencé ?
	Que faire si je rencontre des difficultés ?
Évaluation	Ma performance est-elle comme prévu ? Meilleure ou pas ?
	Dans ce que j'ai fait, qu'est-ce qui a été efficace ou utile ?
	Qu'aurais-je pu faire différemment ?
	Comment appliquer ce que j'ai appris à des situations futures ?

Les tests d'intelligence nous permettent d'exercer nos capacités métacognitives. Détendez-vous et considérez ces tests comme des jeux. Il est utile de savoir quelle aptitude requièrent les questions — logique, identification de formes, etc. Vous pouvez alors adopter l'état d'esprit que vous auriez en jouant, abordant par exemple une question de logique avec l'attitude que vous auriez face à un jeu de sudoku.

Lorsque vous découvrez des informations nouvelles, vous pouvez par exemple vous demander si vous comprenez tout, ou comment vous les décririez à un ami dans une conversation. Il est également utile de savoir quel type d'apprenant vous êtes : demandez-vous comment vous assimilez le mieux l'information, et adaptez vos méthodes à ces caractéristiques.

LES INFLUENCES SUBCONSCIENTES

Nous pensons souvent sans nous en rendre compte. En comprenant comment votre subconscient influe sur vos opinions, vous pourrez exploiter ses ressources et éviter les pièges vers lesquels il peut vous conduire.

VOTRE VOIX INTÉRIEURE

Le subconscient recèle nos instincts fondamentaux, et il est le siège de modèles de pensée profondément enracinés (voir pages 120-121). C'est dans le subconscient que ce que l'on a appris il y a longtemps génère les intuitions. Cette voix intérieure peut être très utile, nous permettant de savoir instinctivement ce qu'il faut faire, mais elle peut aussi être trompeuse.

Nous actualisons et révisons sans cesse nos opinions, en exploitant nos expériences passées et notre logique. Mais cette dernière peut parfois être faussée si elle se fonde sur une mauvaise interprétation issue du subconscient. Parmi ce genre d'erreur, on trouve :

- les réponses automatiques basées sur une croyance obsolète : « je ne peux pas comprendre ce que dit mon banquier parce que j'étais mauvais(e) en maths à l'école. »
- les généralisations intempestives : « je ne la crois pas parce que les politiques sont tous des menteurs. »

Étudions à présent les facteurs qui peuvent affecter nos pensées et les moyens de renforcer nos perceptions et notre objectivité.

APPRENDRE À PENSER CLAIREMENT

Notre expérience influe sur la façon dont nous traitons les nouvelles informations. En prenant conscience des déformations de notre pensée et en entreprenant de les corriger, nous pouvons favoriser une approche neuve et plus adaptée. Il faut pour cela notamment cesser de croire que certains défis intellectuels dépassent nos capacités.

EN FINIR AVEC LES CROYANCES

Les mauvaises habitudes de pensée peuvent affaiblir notre efficacité cérébrale. Avoir une faible opinion de ses aptitudes intellectuelles peut agir comme une prophétie autoréalisatrice, sapant notre confiance, puis entraînant de mauvaises performances mentales. Au fil du temps, nous créons des cadres, ou « schémas » mentaux, qui nous guident automatiquement à travers de nombreuses situations récurrentes – faire sa comptabilité, discuter politique en dînant avec des amis, etc. Mais loin d'être toujours une aide, ces schémas peuvent fausser nos perceptions et devenir contre-performants.

IDENTIFIER LES SCHÉMAS NÉGATIFS

Le psychologue américain Jeffrey Young a regroupé en cinq domaines-clé 18 schémas négatifs ayant trait à nos relations avec nous-mêmes et autrui. Certains d'entre eux sont liés à l'utilisation de notre esprit. En prenant en compte leur influence sur vos pensées, vous pourrez identifier les facteurs susceptibles de vous empêcher d'optimiser votre intelligence.

Les paires de phrases ci-dessous représentent les cinq domaines-clé de Young. Donnez à chacunc une note de 1 à 10 el inscrivez-la dans la colonne de gauche. Additionnez chaque paire de notes et inscrivez le total dans la colonne de droite. Une note élevée indique que vous avez des pensées négatives dans un des domaines-clé.

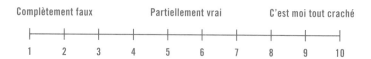

	Complètement faux	Partiellement vrai		C'est moi tout craché
1	2 3	4 5 6	7	8 9 10

A	Je suis moins intelligent(e) que les autres.	
	Les gens m'apprécieraient moins s'ils savaient combien je suis bête.	
B	Presque rien de ce que je fais au travail (ou à l'école) ne vaut ce que font les autres.	
	Inutile d'essayer de réussir quelque chose, j'échouerai.	
C	Je n'arrive pas à me forcer à faire des choses que je n'aime pas, même pour mon bien.	
	Quand je n'arrive pas à atteindre mon but, j'abandonne vite.	
D	Je pense que je suis obligé(e) d'accepter les opinions des autres, même quand j'aimerais exprimer les miennes.	
	Je dois réussir par égard pour mes proches.	
E	Je dois toujours être performant(e), je n'ai pas droit à l'erreur.	
	Je subis sans cesse le stress de devoir accomplir ce qui doit l'être et prendre mes responsabilités.	

Domaine-clé A : Refus et isolement
Une note élevée peut signifier que, vous sentant inférieur(e) à autrui, vous manquez de confiance pour explorer vos potentiels.

Domaine-clé B : Manque d'autonomie
Ici, une note élevée peut vouloir dire que vous pensez être un(e) perdant(e), ce qui peut saper vos projets avant que vous ne les abordiez.

Domaine-clé C : Défaut de limites
Ici, une note élevée peut signifier que vous manquez de discipline et de sang-froid, ce qui vous empêche d'atteindre des objectifs à long terme.

Domaine-clé D : Centrage sur autrui
Ici, une note élevée peut vouloir dire que vous donnez trop d'importance à l'approbation d'autrui, aux dépens de votre propre développement.

Domaine-clé E : Perfectionnisme et inhibition
Ici, une note élevée peut signifier que vous mettez la barre trop haut, et ne vous permettez pas d'expérimenter librement, de faire des erreurs et d'apprendre de nouvelles choses.

Évaluez la façon dont vos schémas négatifs peuvent influer sur votre manière de penser et d'apprendre : sont-ils vraiment en accord avec votre vie présente ? Identifier les schémas nuisibles et les remettre dans leur contexte devrait vous aider à repérer le moment où une croyance erronée ou obsolète altère votre réflexion.

CONFIANCE !

Nous nous empêchons souvent d'utiliser pleinement notre intelligence, par peur de ce que peut penser autrui ou de faire des erreurs. Ces inquiétudes nous poussent à répondre aux attentes de notre juge le moins indulgent – nous-mêmes.

UNE VOIX INTÉRIEURE INQUIÈTE

Il n'est pas étonnant que nous accordions de l'importance à ce que pense autrui, car notre conscience morale découle largement de notre appréciation des règles sociales. Mais cela peut parfois avoir un effet restrictif sur notre vie quotidienne, comme par exemple en nous empêchant de prendre la parole dans une réunion, de peur que nos idées ne soient tournées en ridicule.

ACQUÉRIR UNE VISION PLUS OBJECTIVE

En séparant les faits de vos opinions et de celles d'autrui, vous pouvez les considérer plus objectivement, et peut-être avec plus d'équité pour vous-même. Pensez à une situation où vous avez ressenti de la fierté de ce que vous aviez fait, et à une autre où vous n'avez pas atteint votre but. À présent, répondez à ces questions :

- Comment avez-vous su si vous aviez réussi ou non ?
- Comment vous êtes-vous senti(e) dans chaque situation ?
- Comment les gens ont-ils réagi à ce que vous aviez fait ?
- Parmi ces trois facteurs, lequel a été le plus déterminant pour votre sentiment de succès ou d'échec ?

ÉDUCATION CONTRE-PRODUCTIVE ?

À l'école ou au travail, on nous inculque des notions essentielles comme la discipline et la persévérance. Il n'est hélas pas rare qu'elles sapent notre confiance en nous et étouffent notre intelligence innée. Ce phénomène n'est pas une fatalité ; nous vous proposons ci-dessous quelques idées pour les surmonter.

* * * * *

Le conformisme L'idée qu'il existe une « bonne » et une « mauvaise » manière de faire peut vous empêcher de changer votre vision des choses, vous polariser sur le respect des règles et limiter votre conception du futur. Rendez-vous page 66 pour voir votre vie en plus grand.

La rigidité Favoriser les connaissances « pures et dures » se fait au détriment du développement d'autres aptitudes, telle l'intelligence émotionnelle. Rendez-vous page 120 pour découvrir comment chaque esprit associe de façon unique le raisonnement à l'émotion et à l'intuition.

La pression du succès À trop mettre en avant les examens, on risque de devenir inquiet et de penser de façon défensive au lieu d'être curieux et ouvert. Page 50, vous pouvez voir comment atteindre un état de « flow » qui vous permettra de travailler sereinement au maximum de vos capacités.

Les catégorisations négatives Ranger les gens en « gagnants » et en « perdants » peut entraîner la peur d'être vous-même dans la dernière catégorie. Page 57, nous vous montrons comment identifier et surmonter les auto-évaluations négatives. Le chapitre 4 vous propose des façons de vous cultiver et d'améliorer ainsi votre confiance en vous.

LA PENSÉE LOGIQUE

La logique, qui permet de construire des arguments solides, faisait autrefois partie des études classiques. C'est un élément essentiel du QI, qui nous permet de tirer les bonnes conclusions.

LES FORMES DE LOGIQUE

Ce que l'on entend généralement par « pensée logique » est un raisonnement qui part d'observations initiales précises et aboutit à une conclusion valable en passant par des déductions rationnelles. Il existe deux formes principales de logique : la déductive et l'inductive.

Dans la logique déductive, la conclusion découle inévitablement des prémisses. Si celles-ci sont correctes, la conclusion l'est nécessairement, comme dans l'exemple : « Tous les hommes sont mortels ; Socrate est un homme ; Socrate est mortel. » Mais on peut aussi obtenir une conclusion logique à partir de prémisses erronées, comme dans : « Tous les hommes sont des amibes ; Socrate est un homme ; Socrate est une amibe. »

Dans la logique inductive, si l'hypothèse est correcte, la conclusion a de fortes chances de l'être aussi. Exemple : « Depuis 4,6 milliards d'années, le soleil s'est levé tous les jours ; il se lèvera donc demain. »

COMMENT SURVIENNENT LES ERREURS

Nous aimons nous considérer comme des êtres rationnels, mais nous faisons souvent des erreurs d'interprétation. Chris Argyris, spécialiste de l'apprentissage organisationnel, est à l'origine de la notion « d'échelle d'inférence », décrivant les étapes pouvant mener d'un fait établi à une idée fausse (voir encadré ci-dessous). Nous pouvons gravir les degrés de l'échelle en un clin d'œil sans nous en rendre compte.

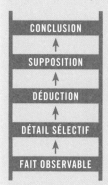
Connaître les principes de la logique vous aidera à distinguer les bons arguments des mauvais. Page 88, vous trouverez des exercices pour identifier les erreurs de jugement. La chaîne d'inférence présentée page 90 vous permettra de contrôler chaque étape de votre raisonnement.

ÉLARGIR SON POINT DE VUE

L'un des aspects essentiels de l'intelligence est la capacité à réagir à un environnement complexe : penser à long terme pour élargir son point de vue et établir des rapports avec des situations déjà vécues ou des choses apprises dans le passé. Élargir notre point de vue assouplit notre esprit.

DISCERNER LES GRANDES LIGNES

Supposez que vous êtes à côté d'un très gros objet camouflé par un drap, que l'on vous demande d'identifier. On retire le drap, mais tout ce que vous voyez est une surface grise en cuir. Le drap est remis en place. Vous contournez l'objet, qui est découvert à nouveau. Cette fois, vous voyez une chose arrondie et dure. Vous n'êtes pas plus avancé(e). Puis vous vous éloignez de l'objet. Avec le recul, vous découvrez qu'il possède une trompe, des défenses et deux grandes oreilles. Il arrive que les détails nous brouillent la vue et que « l'arbre cache la forêt ». En nous focalisant sur des détails, nous risquons de ne pas voir, ou de mal interpréter, des informations cruciales. Comment décririez-vous un

éléphant à quelqu'un qui n'en a jamais vu ? Que mentionneriez-vous ?
Sa taille ? Sa trompe ? Ses grandes oreilles ? Le fait qu'il vive en
troupeau ? Ses zones d'habitat ? Tous ces éléments sont reliés entre
eux et contribuent à former l'image complète d'un éléphant. Cette
façon de penser, dite holistique ou systémique, peut vous permettre
d'élargir vos connaissances.

BON POUR LES AFFAIRES

Les entrepreneurs utilisent beaucoup leur capacité d'élargir leur point
de vue, car c'est essentiel pour prendre les bonnes décisions. Ils
appellent ça « pensée créative », « sortir de la pensée unique », etc.
Si ces expressions font un peu « cliché », elles soulignent néanmoins
l'essence de cette capacité – nous libérer de nos schémas de pensée et
dépasser nos connaissances acquises.

AGRANDIR LE CADRE DE L'IMAGE

Quand vous abordez un défi ou un plan d'action, faites appel à la
pensée holistique pour élargir votre point de vue. Comment le sujet
s'insère-t-il dans votre vie ? Comment créer un environnement propice ?

- Intégrez le sujet à vos activités habituelles. Si par exemple vous
  apprenez l'Italien, écrivez vos listes de commissions en Italien.
- Considérez votre sujet du point de vue d'une personne très
  différente de vous, un enfant de six ans, un paysan péruvien, etc.
  Quelles idées utiles pourraient-ils vous donner ?
- Dessinez ce que vous souhaitez faire – ou bien concevez-le
  comme une charade.

VOIR LOIN

Pour utiliser votre intelligence dans un monde en changement constant, il vous faut une vision, la faculté d'anticiper, de vous adapter, de faire des projets. C'est comme jouer une partie d'échecs à quatre dimensions, dont l'une serait le temps.

VOIR À LONG TERME

La plupart des définitions de l'intelligence incluent la capacité à planifier et à visualiser les différentes conséquences possibles. Ceci vaut autant pour la vie réelle que pour une activité cérébrale abstraite comme la prévision des prochains coups dans une partie d'échecs. Par exemple, une des qualités requises pour un(e) PDG est la vision à long terme. Il ou elle doit prendre des décisions qui auront des effets des mois ou des années plus tard, et prévoir leur impact probable pour l'entreprise.

DÉVELOPPER VOS PERCEPTIONS

En termes d'intelligence, la faculté de planifier à long terme est étroitement liée à celle de tirer les leçons du passé. Nous imaginons souvent notre vie comme une route droite sur laquelle nous regardons vers le futur et avons notre passé derrière nous. Mais les leçons de notre passé comme nos projets pour le futur sont inextricablement liés au présent. Il serait donc plus opportun d'imaginer que la ligne de notre vie s'ouvre comme un éventail, le moment présent en étant la

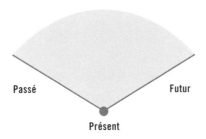

Passé   Futur

Présent

pointe, tandis que le passé et le futur forment les deux « bras », reliés entre eux et interdépendants.

On peut aussi imaginer que l'on s'élève et que l'on voit sa vie s'étendre en-dessous de soi. Cette vue d'ensemble met les choses en perspective et notre présent s'insère dans une vision plus large du futur.

VOIR LE CHEMIN DEVANT SOI

Si l'imprévu fait partie intégrante de la vie, il est néanmoins possible d'entraîner son esprit à voir devant soi. Il faut pour cela :

- développer sa capacité à trier les faits et à distinguer ce qui est important de ce qui ne l'est pas
- conserver un point de vue d'ensemble (voir page 64), sans toutefois ignorer les détails potentiellement importants
- comprendre la façon dont ce que l'on sait peut s'appliquer à des situations nouvelles
- apprendre à utiliser la déduction logique et l'intuition à bon escient (voir la méthode des six chapeaux, page 104)
- visualiser les implications de différentes conséquences.

Les facultés requises pour un test de QI peuvent vous aider à évaluer votre performance dans nombre de ces aptitudes.

CONCENTRER SON ATTENTION

Savoir varier le niveau de notre attention nous permet d'accomplir de nombreuses tâches mentales. Il existe différentes façons de le modifier consciemment. En utilisant régulièrement ces méthodes, vous pouvez améliorer grandement vos facultés cognitives.

ENTRAÎNER SON CERVEAU

Le cerveau a différents niveaux d'activité électrique, correspondant à différents types de tâches ; sur un électroencéphalogramme (EEG), ces niveaux apparaissent sous forme d'ondes. Il en existe quatre types :
les ondes bêta sont associées à la concentration et à la logique
les ondes alpha indiquent une détente et une pensée holistique
les ondes thêta sont liées à la méditation et à la créativité
les ondes delta sont principalement associées au sommeil profond

La technique du « neurofeedback » peut vous apprendre à influer consciemment sur les résultats de votre EEG (ce qui implique une modification de vos ondes cérébrales). Mais des méthodes plus anciennes permettent également de modifier nos fonctions cérébrales.

Dans l'état de « pleine conscience » (voir encadré ci-contre), on se détourne lentement de ses pensées pour porter son attention vers tout ce qui se passe autour de soi à ce moment. À l'opposé, méditer demande que l'on fixe son attention sur une seule pensée, un seul mot (mantra) ou une seule image.

MUSIQUE ET ATTENTION

Faire appel à la musique est peut-être la façon la plus rapide et la plus simple de modifier le niveau de votre attention. Connue depuis des millénaires, l'action d'un son rythmique sur l'activité cérébrale est exploitée dans des activités comme les percussions ou la psalmodie. Selon certains scientifiques, l'activité cérébrale d'une personne concentrée sur un rythme musical ralentit ou s'accélère suivant celui-ci.

Choisissez certains de vos morceaux favoris pour parvenir à différents états de conscience :

- des morceaux rythmés et gais pour vous mettre en forme
- des morceaux calmes mais complexes (Bach est particulièrement indiqué) pour favoriser votre concentration
- des morceaux lents et apaisants pour vous détendre et ouvrir votre esprit à une pensée holistique ou créative.

INTERLUDE
LES GRAINES DU GÉNIE

La perception de l'intelligence a beaucoup évolué : le génie qui découvrit jadis comment faire du feu en frottant deux pierres aurait sans doute un piètre résultat à un test de QI.

SOMMES-NOUS DE PLUS EN PLUS INTELLIGENTS ?

Nul besoin d'être génial(e) pour comprendre qu'une pièce remplie de génies contient plus de puissance intellectuelle qu'une pièce remplie de personnes d'intelligence moyenne. Cependant, si ces groupes passaient un test de QI et si l'on établissait la moyenne pour chacune des pièces, la plupart des personnes obtiendraient environ 100 points : ces 100 points n'auraient cependant pas la même valeur dans les deux pièces.

C'est exactement ce qui se passe avec les tests de QI, qui représentent la moyenne d'une population donnée à un instant T. Il est généralement admis que, depuis que l'on évalue formellement le QI et que l'on dispose de statistiques, chaque génération a gagné environ 10 points. Cela peut venir de plusieurs facteurs : l'amélioration de l'alimentation infantile, l'élimination progressive des différences culturelles dans les tests, l'évolution de ce que l'on apprend, et comment on l'apprend. (Des comparaisons d'enfants d'il y a 30 ans et d'aujourd'hui montrent peu de différences pour les capacités verbale et numérique, mais une nette amélioration des aptitudes visuelle et spatiale, peut-être grâce aux jeux sur ordinateur).

On compare également les nations entre elles. Les champions sont les Japonais mais, comme pour toute statistique, ce « classement » doit être pris avec précaution. Par exemple, comme il n'existe pas de QI pour le Kirghizstan, on l'a placé arbitrairement entre la Turquie et l'Iran !

LA NATURE DU GÉNIE

Un QI très élevé fait-il de vous un génie ? Ça aide, bien sûr. Mais le génie est plus que beaucoup d'intelligence ou de talent. Il implique de voir au-delà de ce que l'on apprend, de dépasser les frontières — comme le bond visionnaire qui permit à Einstein de formuler les lois gouvernant le temps et l'espace, ou à Newton de découvrir la gravité.

Bien que nous profitions tous de découvertes géniales, le concept du génie comporte des connotations négatives, comme s'il s'agissait d'un calice empoisonné dont les avantages sont contrebalancés par de considérables inconvénients sociaux ou émotionnels. Les génies sont souvent obsessionnels, et la clarté de leur perception intellectuelle peut les isoler des autres dont ils sont trop différents. S'ils sont salués comme des bienfaiteurs de l'humanité, ils sont aussi perçus comme des marginaux excentriques et dérangés — voir van Gogh ou Alan Turing. Le trouble mental peut même déclencher le génie. Sans oublier les professeurs fous et les mauvais génies qui peuplent le monde de la fiction, de Frankenstein aux adversaires de James Bond ou de Superman.

Nous avons besoin de génies, mais chaque génération n'en produit que quelques-uns, qui ne sont parfois reconnus qu'après leur mort. Quels sont les génies de notre époque ?

GÉNIES DISCRETS D'AUJOURD'HUI

Le psychologue et penseur canadien Elliott Jaques considérait l'intelligence comme la capacité à influencer le monde, et décrivit des schémas d'impact s'étendant sur des centaines ou des milliers d'années. Les génies sont des gens exceptionnels capables d'influer sur la direction de la civilisation. Selon moi, les prochaines générations reconnaîtront les personnes ci-dessous comme des génies.

Hiroshi Ishiguro est un expert mondial de la robotique. Son idée est d'élargir notre compréhension de l'humanité en créant une humanité de machines. Les effets de sa pensée peuvent s'étendre à des domaines variés, notamment la médecine, où les procédures chirurgicales les plus complexes pourraient être effectuées par des robots.

Dr Randell Mills est un médecin dont la théorie de l'hydrino et le processus « blacklight » pourraient révolutionner la production d'énergie. Sa théorie est controversée, mais s'il a raison, il pourrait libérer le monde de sa dépendance envers les énergies fossiles et nucléaire, améliorant de façon phénoménale la qualité de vie sur la Terre.

James Lovelock restera associé à la théorie Gaïa, qui considère la Terre comme un organisme unique et reconnaît l'interdépendance de toutes choses au sein de la biosphère, les changements les plus infimes pouvant avoir d'énormes conséquences sur tout le reste. Son héritage sera peut-être d'avoir éveillé un sens accru des responsabilités dans nos rapports avec le monde qui nous entoure.

Tim Berners-Lee est peut-être le penseur le plus influent des 50 dernières années. Son « bébé », l'Internet, a transformé le monde. Cette forme de communication entièrement nouvelle a dépassé son application militaire d'origine et traversé les barrières culturelles et politiques, devenant un creuset des connaissances mondiales ainsi qu'un moyen d'accélérer les futures percées technologiques.

Ces personnes peuvent inspirer chacun(e) d'entre nous. À notre manière, nous pouvons utiliser notre imagination comme fenêtre et comme outil, et trouver des solutions innovantes. Il suffit de considérer les choses sous un angle différent.

CHAPITRE 4

APPLICATIONS PRATIQUES

Les capacités éprouvées dans les tests de QI servent aussi dans la vie : un esprit vif est utile pour gérer une journée de travail – que vos activités exigent la résolution de problèmes, la planification de tâches, de la créativité, ou la compréhension des implications de problèmes compliqués.

Voici des idées pour mettre en pratique les progrès de votre logique et de votre pensée critique, et exercer votre mémoire de travail. Et comme la réalisation de votre potentiel intellectuel peut accroître votre soif de connaissance, ce chapitre vous donne des pistes pour augmenter vos ressources en la matière, et donc votre capacité d'apprentissage.

VOTRE STOCK DE SAVOIR

Puisque quelques clics nous donnent accès à des quantités d'informations apparemment infinies, est-il encore nécessaire de charrier des connaissances dans notre esprit ? De passer du temps à apprendre des faits ou des chiffres bruts ?

LA VALEUR DU SAVOIR
Si connaissance n'est pas synonyme d'intelligence, acquérir une importante réserve d'informations peut amplifier vos capacités mentales globales.

Une rapidité accrue
Le système de récupération de données de votre cerveau est plus rapide que n'importe quel ordinateur. Exploitables instantanément, de vastes connaissances accélèrent votre pensée et vos réactions.

Une meilleure compréhension
Un large éventail de connaissances facilite la compréhension de questions complexes et la prise de décisions. Cela vous rend aussi mieux à même de voir des rapports entre des sujets apparemment sans lien, et donc de penser de façon créative.

Une meilleure mémoire
Un important réseau de connaissances facilite l'apprentissage et la mémorisation de nouvelles données.

EXPLOITER LE SYSTÈME DE STOCKAGE DU CERVEAU

Le cerveau dispose d'un système de stockage très efficace, qui utilise différents marqueurs pour retrouver l'information par le biais d'associations. Voici un exemple de la façon dont agit ce processus associatif : pensez OISEAU et JAUNE, et le mot CANARI surgit dans votre esprit. Nos sens et nos émotions sont tous impliqués dans ce marquage : la voix d'un ami évoque son visage, une bouffée d'air marin les étés de notre enfance. Comme nous l'avons vu aux pages 37-38, la répétition, l'habitude et l'utilisation de plusieurs de nos sens consolident les voies vers et entre différentes informations.

Cette association de stimuli représente un énorme potentiel pour se remémorer des données, mais aussi pour en assimiler de nouvelles. Lorsque nous recueillons des informations, notre cerveau les classe avec d'autres connaissances sous forme de faisceaux, car il est plus facile de les retenir si elles sont reliées à des connaissances préexistantes. C'est comme pour les mots croisés : chaque nouvel indice aide à trouver les réponses restantes. À l'école, les leçons sont censées être structurées pour que les enfants apprennent de cette façon, et les adultes utilisent le même processus, qu'ils se familiarisent avec un nouveau poste ou apprennent à conduire. Plus on a de « crochets » pour fixer de nouvelles informations, plus on peut apprendre – et c'est là l'une des bases de l'intelligence.

« La connaissance est la vie de l'esprit. »

Abu Bakr (573–634)

LES ARBRES DU SAVOIR

Un arbre du savoir représente les principales zones et les sujets les plus pointus de votre base de données personnelle. Il vous permet de voir ce que vous savez sur tel ou tel sujet. Vous pouvez aussi l'utiliser comme structure de base pour étendre et enrichir votre stock d'informations.

LA STRUCTURE D'UN ARBRE DU SAVOIR

Comme un arbre réel, un arbre du savoir a trois parties principales :

Le tronc Cette partie centrale représente votre connaissance globale d'un sujet. Elle coordonne les liens entre les différents thèmes et les différentes zones de votre savoir.

Les branches Elles représentent les aspects principaux de votre base de données et se subdivisent en zones de plus en plus spécialisées.

Les racines Pour nourrir l'arbre, elles puisent l'information dans le monde extérieur : auprès de (groupes de) personnes, dans des lieux tels que des bibliothèques, dans votre expérience propre, dans des livres, des journaux, à la télévision, à la radio ou sur Internet.

CE QUE MONTRE VOTRE ARBRE DU SAVOIR

Un arbre du savoir peut vous aider à organiser ce que vous savez d'une question donnée. Ses branches montrent de quelle façon les sous-thèmes sont liés entre eux, et favorisent la distinction entre les aspects fondamentaux d'un sujet et les éléments plus accessoires. L'arbre montre aussi des « points-pivots » : ce sont les jonctions où

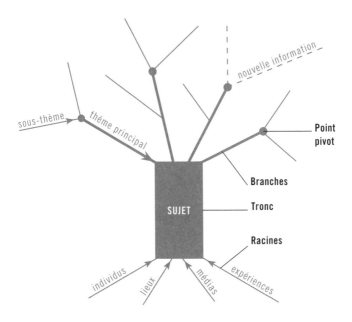

nouvelle information

sous-thème

thème principal

Point
pivot

Branches

SUJET

Tronc

Racines

individus

lieux

médias

expériences

se forment des liens cruciaux avec d'autres zones de savoir, et dont
peuvent dépendre plusieurs sous-branches.

Vous pouvez aussi recourir à l'arbre pour utiliser vos
connaissances comme point de départ. Comme nous l'avons vu
pages 76-77, il est plus facile d'assimiler de nouvelles informations
en les ajoutant à une catégorie préexistante ou en les connectant à
d'autres faits. L'arbre vous aidera à voir comment ces connexions
s'opèrent. Examinez régulièrement votre arbre et ajoutez-lui des
branches lorsque vous actualisez des informations. Un arbre luxuriant
reflètera une connaissance croissante et de plus en plus détaillée
d'un sujet.

ACCROÎTRE VOS CONNAISSANCES

En ajoutant des branches à votre arbre, vous pouvez à la fois renforcer et étendre vos connaissances. L'exemple ci-dessous montre comment créer et utiliser un arbre du savoir.

D'abord, choisissez le domaine de connaissance sur lequel vous voulez le fonder, puis dessinez des branches et sous-branches partant de ce sujet principal. L'exemple ci-dessous montre comment une branche Vin a poussé sur un tronc Gastronomie, mais le point de départ aurait pu être un pays de prédilection, un stage de dégustation, etc. Les sous-branches les plus petites indiquent des zones sur lesquelles vous pourriez vous concentrer. Si vous découvrez, disons, des producteurs de Hawkes Bay, vous accroîtrez vos connaissances sur une région viticole de Nouvelle-Zélande et un cépage. Mais cette information descend également dans les branches majeures, nourrissant d'autres domaines de connaissance. Votre expertise concernant une région viticole va donc accroître votre savoir général en matière de vin, mais aussi de domaines plus inattendus comme la géologie ou le climat.

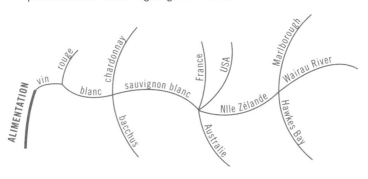

UTILISER EFFICACEMENT VOTRE SAVOIR

Les « points-charnière » (voir diagramme page 79) sont les éléments dont dépend l'ensemble d'une branche. C'est en y versant les bonnes informations, ou en en retirant les données nécessaires, que l'on exploite au mieux ses connaissances.

Pour un médecin par exemple, l'arbre du savoir comprend la faculté de faire une anamnèse, de poser un diagnostic et de décider d'un traitement, mais le point-charnière est l'évaluation du patient, et l'aptitude à le soumettre aux tests appropriés pour déterminer le diagnostic et le traitement. Se baser sur un point-charnière peut profiter à toutes les sous-branches qui en dépendent. S'il découvre un nouveau procédé de scanner, un médecin peut diagnostiquer plus précisément diverses maladies. De même, en identifiant vos points-charnière, vous pourrez améliorer votre travail et apprendre plus efficacement. Cela vous permettra de concentrer vos efforts et vos ressources sur « la différence qui fait la différence ».

Un point-charnière est comme une porte à double sens : il ouvre sur de nouvelles voies de connaissance ou de progrès, et permet aussi à de nouveaux savoirs d'aller nourrir d'autres zones de votre arbre de connaissance global. Vous identifiez par exemple la géologie de la Nouvelle-Zélande comme un point-charnière de votre culture œnologique, grâce à laquelle vous comprenez mieux les vins de Hawkes Bay : ce savoir vous permettra aussi de saisir pourquoi les vins d'autres régions ayant un profil géologique similaire évoluent comme ils le font.

LES ASSOCIATIONS MNÉSIQUES

Des associations mnésiques cohérentes stimulent le cerveau : elles constituent de nouvelles voies neuronales puissantes, ce qui contribue à développer progressivement nos capacités intellectuelles.

TECHNIQUES DE MÉMORISATION

Des techniques ont été inventées pour favoriser la mémorisation et l'accès aux données. Elles utilisent des marqueurs sensoriels ou émotionnels, qui améliorent notre capacité à retrouver les informations stockées (pages 76-77). Expérimentez différentes méthodes – rimes, images visuelles, associations lexicales – et voyez ce qui vous convient le mieux. Voici quelques suggestions.

Sain pour 1, nœud pour 2

On a toujours employé les rimes comme aide à la mémorisation. Pour vous rappeler des informations ayant trait aux nombres, créez tout d'abord une liste de correspondances avec les chiffres, par exemple :

sain = 1, **nœud** = 2, **froid** = 3, **âtre** = 4, **zinc** = 5 etc.

Choisissez des images simples, fortes, qui signifient quelque chose pour vous ; récitez-les jusqu'à ce qu'elles constituent un automatisme. Elles vous aideront alors à vous souvenir de listes de chiffres (numéros de téléphone par exemple). Vous pouvez aussi appliquer cette méthode pour apprendre des listes d'éléments dont l'ordre est fixe, le tableau périodique des éléments chimiques par exemple :

1 (sain) = hydrogène = un moteur à hydrogène est plus sain qu'un moteur à essence
2 (nœud) = hélium = faire un nœud à un ballon à l'hélium lui permet de s'envoler
3 (froid) = lithium = des piles au lithium pourraient vous réchauffer.

L'association de chaque élément d'information avec deux marqueurs, un visuel (l'image) et un auditif (la rime), facilite sa mémorisation, ainsi que sa remise à disposition.

L'HISTOIRE DES PLANÈTES

Cet exemple est une série mémorisable d'images visuelles destinée à se rappeler l'ordre et la taille des planètes du système solaire en partant du soleil :

- Un grand **Soleil** surchauffe un thermomètre : il explose et projette de petites gouttes de **Mercure** sur **Vénus**, la déesse de l'amour.
- Elle et **Mars**, le dieu de la guerre, luttent pour la **Terre**, située entre eux deux. (On dit parfois que les hommes viennent de Mars et que les femmes viennent de Vénus, ce qui causerait de nombreux désagréments !)
- Le géant **Jupiter**, chef des dieux, les observe avec désapprobation. Afin d'alerter le soleil (« sun » en anglais), il brandit un fléau d'armes dont les trois boules sont respectivement marquées d'un **S**(aturne), d'un **U**(ranus), et d'un **N**(eptune).
- Si l'on veut inclure la planète « naine » Pluton, on peut ajouter à l'histoire le chien **Pluto** essayant d'attraper la boule de Neptune.

AUGMENTER SA MÉMOIRE DE TRAVAIL

Comme nous l'avons vu au chapitre 2, la mémoire de travail fait partie intégrante du processus de pensée, et l'exercer régulièrement contribue à augmenter le QI.

DIGIT SPAN NOUVELLE VERSION

Rappelez-vous le test de la page 43, où il fallait mémoriser une liste de chiffres. Appelé « digit span », cet exercice n'est pas exaltant, mais il représente un étalon permettant de mesurer vos aptitudes. Faites-le à plusieurs reprises et essayez de progresser. Dès que vous pouvez répéter correctement à l'envers trois listes de chiffres d'une certaine longueur, ajoutez-y un chiffre supplémentaire. Avec un peu d'exercice, vous devriez pouvoir atteindre 15 chiffres dans le sens normal, et 12 à 13 à rebours.

EXERCICES D'ENTRAÎNEMENT

Calcul mental À la caisse, additionnez les prix des articles.
Numéros de téléphone Répétez-les jusqu'à ce qu'ils soient enregistrés dans votre mémoire à long terme, plutôt que de les noter ou de les enregistrer sur votre portable.
Mots croisés Résolvez des anagrammes et des grilles entières de mots croisés sans rien écrire.
Cartes mentales Visualisez en détail le plan de votre maison ; faites des puzzles bi- ou tridimensionnels. Ces activités entraînent le « calepin visuo-spatial » de votre mémoire de travail (voir pages 42-43).

JEUX DE MÉMOIRE

Augmenter le « réservoir » de votre mémoire de travail en jouant régulièrement à des jeux de mémoire est un bon exercice mental – et c'est amusant ! Voici quelques idées.

* * * * *

Le jeu de Kim (*Kim* est un roman de Rudyard Kipling). Demandez à quelqu'un de poser 15 objets quotidiens sur un plateau et de les couvrir d'un linge. Ôtez le linge, repérez les objets et mémorisez-les durant 30 secondes. Couvrez-les à nouveau et essayez de vous rappeler le plus d'objets possible. Quand vous pourrez vous rappeler les 15 objets sans faire d'erreur, augmentez-en le nombre, ou réduisez le temps de mémorisation. Objectif : 20 objets en 15 secondes.

* * *

Memory Étalez deux couleurs de cartes (cœur et pique par exemple) face contre table ; les cartes ne doivent pas se chevaucher. À tour de rôle, les joueurs choisissent deux cartes et les retournent. Si les cartes forment une paire, le joueur les garde. Sinon, il les retourne à nouveau. À la fin, la personne qui a le plus de cartes a gagné. Les premiers tours ne sont que des essais à l'aveugle, mais ils révèlent la position de quelques cartes. Au fur et à mesure, on peut collecter de plus en plus de cartes si l'on se rappelle leur emplacement.

* * *

Observation Améliorez votre mémoire de travail dans votre vie de tous les jours ! En voyage, en faisant les courses ou en vous promenant, prenez une « photo » mentale de ce que vous voyez, et essayez de vous en souvenir peu après. Vous pouvez vous concentrer sur des détails comme les vêtements des gens, l'endroit où ils sont assis, etc.

CONCEVOIR DES OPINIONS

L'analyse critique, ce n'est pas démonter vos idées ou celles d'autrui, mais les soumettre à une estimation rationnelle pour pouvoir les concevoir clairement. Apprendre à voir les choses de cette façon peut profiter à votre vie tout entière.

PENSÉE CRITIQUE : QUELQUES ÉLÉMENTS

La pensée critique doit posséder trois caractéristiques :

Exactitude Les opinions doivent reposer sur des informations correctes et complètes. Demandez-vous :
* Sur quelles informations repose ma pensée ?
* Quelle information pourrait montrer qu'elle est erronée ?
* Puis-je compléter mes informations pour confirmer ou réfuter mon opinion ?

Logique La progression de vos pensées doit être sensée. Demandez-vous :
* Comment mes conclusions découlent-elles de mes idées de départ ?
* Mes conclusions se fondent-elles sur des faits ou des suppositions (voir échelle d'inférence page 63) ?

Pertinence Les analyses critiques et les débats raisonnés peuvent pêcher par manque de pertinence. Demandez-vous :
* Quel est le lien entre cette pensée et le sujet en question ?
* Cela changerait-il quelque chose si j'ignorais ce point ?

EXERCER SES FACULTÉS CRITIQUES

Appliquez le type de questions ci-dessous à toute sorte de situations, qu'il s'agisse d'estimer la véracité d'un reportage ou de formuler une opinion raisonnée sur un livre ou un film. Par exemple :

S'il s'agit d'un reportage :
- Quels sont mes préjugés sur ce sujet ?
- Suis-je d'accord (ou non) avec les opinions exprimées, ou est-ce le ton (ou l'apparence physique) du reporter auquel je réagis ?
- En sais-je assez pour émettre un jugement ?

Notre histoire, notre éducation et nos expériences donnent lieu à des postulats et à des automatismes mentaux qui sont souvent utiles, mais peuvent aussi générer des préjugés. Pour plus d'informations sur ces déformations et les moyens de les empêcher, voir pages 57-59.

Dans un groupe de lecture :
- Qu'est-ce exactement que j'ai aimé (ou non) dans ce livre ?
- Mon attitude envers le sujet ou l'auteur influence-t-elle mon opinion sur la qualité littéraire de l'ouvrage ?
- Ai-je écouté les autres avis ? En ai-je appris quelque chose ?

Un certain égocentrisme risque de nous rendre trop indulgent(e) envers nos propres opinions et trop sévère envers celles d'autrui. L'empathie (voir page 123) et une écoute attentive (voir page 131) vous aideront à apprécier d'autres points de vue, même si vous n'êtes pas d'accord.

PLUS DE LOGIQUE !

Une pensée logique et progressive est une faculté-clé dans de nombreux domaines de la vie. Faites des exercices tels que ceux présentés ci-après : vous aiguiserez votre logique et serez mieux à même d'évaluer correctement les faits et de repérer vos erreurs. Les solutions de ces exercices se trouvent pages 137-138.

SYLLOGISMES

Un syllogisme est un raisonnement dans lequel une conclusion particulière découle de certaines hypothèses. Nous l'avons vu page 62 avec les exemples sur Socrate : tous les syllogismes ne reflètent pas la vérité.

Parmi les syllogismes suivants, quelles propositions sont-elles vraies ?

1   Tous les socialistes veulent augmenter les impôts.
    Toutes les personnes âgées veulent augmenter les impôts.
    Donc, toutes les personnes âgées sont socialistes.
2   Tous les mammifères ont le sang chaud.
    Toutes les baleines sont des mammifères.
    Donc, toutes les baleines ont le sang chaud.
3   Tous les cygnes sont blancs.
    Cet oiseau est noir.
    Cet oiseau ne peut donc pas être un cygne.

SOPHISMES

Un sophisme est un raisonnement semblant correct au premier abord, mais contenant des erreurs passant facilement inaperçues. Identifiez les erreurs dans les sophismes suivants. Quand vous aurez lu les solutions, inventez-en d'autres sur le même modèle.

4 Le bistrot Chez Jo a ouvert en 2005. La population de rats du voisinage a chuté depuis 2005. Je suspecte Chez Jo d'avoir causé une hécatombe parmi les rats.

5 Pourquoi les femmes sont-elles si obsédées par les courses ?

6 Personne n'ayant jamais prouvé qu'il n'y a pas de vie sur les autres planètes, nous pouvons supposer que quelque part, il existe des extraterrestres.

7 Nous devrions être bons les uns envers les autres. C'est Einstein qui l'a dit, et il était l'un des cerveaux les plus brillants ayant jamais existé.

8 Marc dit que son équipe a gagné le match de foot 4 buts à 1, Lulu dit qu'ils ont fait 2 buts à 1, ils ont donc dû faire 3 buts à 1.

« *Installez la raison sur son siège et appelez-en à son tribunal pour juger tous les faits, toutes les opinions.* »

Thomas Jefferson (1743–1826)

CORRIGER SES ERREURS DE LOGIQUE

Au chapitre 3, nous avons vu comment les croyances subconscientes et les erreurs de logique induisaient une pensée confuse ou erronée. La chaîne d'inférence présentée ci-dessous vous aidera à les identifier et à les contrecarrer.

LA CHAÎNE D'INFÉRENCE

L'échelle d'inférence (voir page 63) n'est qu'une partie du processus au cours duquel se forment nos opinions. Nous devrions vérifier nos conclusions – ainsi que nos déductions – à l'aune des faits, mais nous ne le faisons pas toujours. Par contre, certaines d'entre elles, correctes ou non, peuvent devenir des convictions : nous cherchons des détails étayant ces croyances, et les utilisons comme base de déductions et d'hypothèses futures, négligeant les données tangibles.

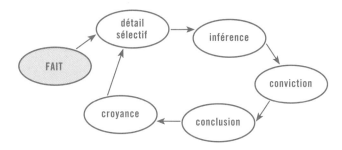

Si l'on ne vérifie pas chaque maillon de la chaîne, l'on risque l'erreur de jugement – comme dans l'histoire ci-contre.

FONCTIONNEMENT DE LA CHAÎNE D'INFÉRENCE

Imaginez le scénario suivant :

Acte I : Vous voyez un jeune homme tatoué se pavaner dans la rue. Il s'arrête et regarde un homme âgé de l'autre côté de la rue.

Hypothèse 1 : Les jeunes gens tatoués sont dangereux. Cette pensée se fonde sur un détail : les tatouages.

Hypothèse 2 : L'homme âgé porte une serviette, c'est sans doute un homme d'affaires. Encore une supposition fondée sur un détail particulier.

Acte II : Le jeune homme regarde à gauche et à droite (l'air très louche), puis traverse précipitamment la rue et bouscule l'homme âgé.

Interprétation : Le voyou va voler l'homme d'affaires.

Action/Conclusion : Vous semblez avoir raison. Mais soudain…

Acte III : Un camion sans chauffeur recule vers les deux hommes. Le « voyou » pousse l'homme âgé hors de la trajectoire du camion.

Réinterprétation : Le jeune homme a sauvé la vie de l'autre : c'est un héros !

Acte IV : La serviette s'ouvre, déversant des bijoux de prix sur la chaussée ; la police arrive sur les lieux.

Nouvelle réinterprétation : L'homme âgé venait de dévaliser une bijouterie, et sa serviette n'était pas le signe de respectabilité que vous croyiez.

Ce scénario montre comment remettre en question et réajuster nos opinions peut empêcher la formation de pensées erronées. Vous pouvez utiliser la chaîne d'inférence à rebours : prenez un élément que vous pensez véridique et remontez les étapes en contrôlant leur validité.

RÉSOUDRE LES PROBLÈMES INTELLIGEMMENT

La capacité à surmonter un problème dépend de deux facteurs : une perception correcte du problème et un cheminement ordonné vers la solution.

STRATÉGIE MILLEFEUILLE

Lorsque vous butez sur un problème, décomposez-le pour pouvoir traiter logiquement chaque étape :

Niveau 1 : Définir le problème Quel est le problème au juste ? Pourquoi est-ce un problème ?

Niveau 2 : Déterminer la portée du problème Voir page ci-contre.

Niveau 3 : Clarifier les buts Quelles mesures dois-je prendre pour atteindre la solution ?

Niveau 4 : Cerner les options Combien ai-je d'options ? Lesquelles ?

Niveau 5 : Susciter des retours Comment tester facilement et rapidement les options choisies ? Qui puis-je consulter pour obtenir de l'aide ou des informations supplémentaires ?

Niveau 6 : Action !

À LA PÊCHE AUX CAUSES

Le diagramme en « poisson » est un bon outil pour trouver les causes d'un problème. Ce dernier forme la tête du poisson. Il en part une ligne horizontale dont les « arêtes » diagonales représentent les principaux aspects : nommez-les. Pour chaque aspect, cherchez les causes possibles et ajoutez-les sous forme d'arêtes plus petites.

LE POISSON-PROBLÈME

Les problèmes apparaissent rarement spontanément : ils résultent de diverses causes qui se rejoignent pour constituer des phénomènes qui, à leur tour, s'accumulent pour former la situation globale.

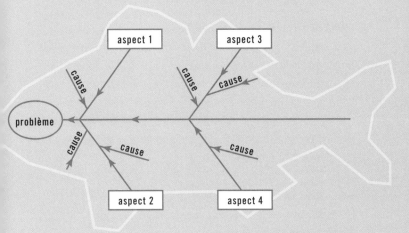

Une fois le problème déterminé, identifiez-en les aspects (personnes, ressources, phénomènes, etc.). Cherchez toutes les causes possibles (vraisemblables ou non) pour chaque aspect. Quelques questions utiles :

• Combien de domaines le problème affecte-t-il ?
• Se pose-t-il en permanence ou à des moments précis ?
• Pourquoi ce facteur particulier cause-t-il des problèmes ?

Le résultat peut souligner un point-charnière (voir page 81) dont la résolution réglera le problème entier, ou apporter une solution.

LA PENSÉE STRATÉGIQUE

La stratégie, c'est utiliser la planification et l'anticipation pour atteindre un but à long terme. Elle peut vous aider à employer votre intelligence de façon plus proactive.

SUN TZU ET *L'ART DE LA GUERRE*

Au VIe siècle av. J.-C., le général chinois Sun Tzu écrivit un classique de la stratégie militaire : *L'Art de la guerre*. Il y décrivait de nombreuses façons d'atteindre ses buts sans forcément prendre part à un combat. Certains de ses conseils reflètent les aspects de l'intelligence dont traite le présent ouvrage : planification à long terme, flexibilité, compréhension d'autrui. Voici quelques citations de Sun Tzu, suivies d'interprétations pratiques.

Il n'y a que cinq couleurs primaires (bleu, jaune, rouge, blanc et noir). Pourtant, leur association génère plus de teintes que nous ne pourrons jamais en voir.

Le pouvoir innovant de votre pensée n'a pas de limite, ni les ressources que votre créativité peut débloquer.

Le contrôle d'une grande armée suit les mêmes principes que celui de quelques hommes : il suffit de la diviser en petits groupes.

Pour agir sur un vaste problème, décomposez-le. Les problématiques complexes peuvent toujours être réduites à quelques problèmes-clé, et leur solution décomposée en tâches gérables.

L'art de la guerre nous enseigne, non à miser sur les chances que l'ennemi ne vienne pas, mais sur notre propre préparation à le recevoir ; non sur le fait qu'il n'attaque pas, mais sur l'inexpugnabilité de notre position.

Rien ne remplace une prise de décision fondée. Plus vous savez juger clairement une situation et planifiez soigneusement votre réaction, plus vous avez de chances de succès.

La tactique militaire est comme le cours naturel de l'eau, qui part d'un point élevé et se hâte vers l'aval.

Cette phrase souligne la nécessité de choisir la voie de la moindre résistance. C'est une saine philosophie qui vous permet d'exploiter vos forces et d'éviter les tâches difficiles et ingrates.

Comme l'eau dont la forme est mouvante, la guerre ne connaît pas de conditions constantes.

Il faut accepter que la vie implique inévitablement des changements. Pour rester dans la course, il faut s'adapter et faire constamment attention à l'évolution de la situation.

Incapable de contrôler son impatience, le général lance ses hommes à l'assaut tels des fourmis grouillantes. Résultat : un tiers des hommes périt sans même que la ville ne soit prise.

Comprendre ses émotions est utile pour faire des choix objectifs et éviter les décisions irrationnelles qui pourraient être induites par l'envie d'éviter, de vaincre ou de dominer autrui.

MIEUX PENSER

« Ce qui compte, ce n'est pas ce que tu as, c'est ce que tu en fais. » Beaucoup de gens intelligents ne sont pas très débrouillards : ils peuvent avoir les capacités intellectuelles nécessaires pour comprendre un sujet, mais ne pas toujours en voir les applications potentielles ou ne pas savoir démêler les problèmes complexes. L'intelligence vraie implique de penser avec vivacité (pas nécessairement plus) et de pouvoir adapter le savoir acquis dans un domaine pour en faire progresser un autre.

PLUS FORT OU MIEUX ?

Travailler dur est couramment considéré comme une vertu ; pourtant, cela n'a pas que du bon. Chercher des solutions plus simples ou plus efficaces participe d'un usage optimal de notre intelligence.

TRAVAILLER DUR : UNE VERTU ?

On félicite fréquemment les gens qui travaillent dur et, pour certains, un bon résultat acquis sans peine a moins de valeur que s'il était obtenu au prix de rudes efforts. Remettons cette vision des choses en question. Nul ne conseille de passer par C, D et E pour aller de A à B, ni ne va faire sa lessive à la rivière s'il a un lave-linge. Pourtant, dans le domaine du mental, nous nous donnons souvent du mal en suivant des voies familières, sans voir d'autres options qui pourraient être plus productives.

Trop de travail fatigue notre cerveau et émousse nos facultés mentales. Cela cause de plus une accumulation de stress pouvant nous rendre anxieux, angoissés ou déprimés.

LES DANGERS DU SURMENAGE

La morale de beaucoup d'œuvres littéraires et de contes populaires est que le labeur est récompensé. À l'opposé, *La Ferme des animaux*, roman satirique de George Orwell, met en garde contre le surmenage. Malabar, le cheval de trait qui travaille plus que tout autre animal, a pour devise « Je vais travailler plus dur ». Il finit par s'effondrer. Sans pitié, ses maîtres le vendent à un équarrisseur. Cette triste histoire nous rappelle qu'il est important de travailler mieux — et pas seulement plus — pour ne pas gaspiller ses forces.

Une approche prudente et progressive est donc indiquée dans certaines situations. Néanmoins, ce qui fait la beauté du cerveau est qu'il est capable de voler. Par exemple, un ornithologue ne vérifie pas chaque particularité des oiseaux qu'il observe, mais s'appuie sur son expérience pour deviner l'identité de chaque volatile, qu'il étaie ensuite grâce à quelques caractéristiques. Son esprit doit être aussi rapide, agile et libre que les oiseaux eux-mêmes.

CALCULS ÉCLAIR

En calcul mental, il existe de nombreuses techniques pour ménager son temps et ses efforts. En voici deux :

Multiplication Pour multiplier par exemple 24 x 8, il est plus facile et plus rapide de compter 25 x 8 (200), puis d'ôter 8 pour obtenir 192.

Addition Pour additionner tous les nombres de 1 à 20, il n'est pas nécessaire de faire $1 + 2 + 3 + 4$ …, etc. jusqu'à vingt. Comme $1 + 20 = 21$, $2 + 19 = 21$, etc., et qu'il s'agit de 10 paires de ces nombres, il suffit de calculer 21 x 10.

LIRE EN DIAGONALE

Savoir lire en diagonale permet d'extraire rapidement et facilement d'un texte les informations dont on a besoin. Au lieu de lire chaque ligne et d'énoncer les mots dans votre esprit, laissez vos yeux zigzaguer sur l'ensemble de la page. Pour vérifier que vous avez saisi le sens du texte, notez immédiatement les termes et les phrases-clé, puis relisez la page en détail. La pratique venant, vous maîtriserez cette méthode de mieux en mieux.

COMMENT TRAVAILLEZ-VOUS ?

Votre attitude à cet égard fournit un bon point de départ pour évaluer votre facilité à travailler mieux. Aimez-vous les défis ou les fuyez-vous ? Travaillez-vous plus ou moins que nécessaire ? C'est votre comportement face aux défis et à l'effort qui forme et nourrit votre façon de travailler.

LES DÉFIS

Notre réaction face à un défi, qu'il soit physique (un taureau furieux) ou mental (un tas de papiers compliqués à remplir), provient d'instincts très anciens, ancrés dans les profondeurs de notre cerveau (voir page 120-121). Ces instincts nous poussent à agir de l'une des trois façons suivantes :

Combat Nous attaquons le problème bille en tête.
Fuite Nous évitons le problème ou le passons à quelqu'un d'autre.
Paralysie Bloqués par la sensation d'être dépassés, nous renonçons.

La façon la plus facile et la plus intelligente de faire face à un défi est d'atteindre un état de « flow » (voir page 50) dans lequel notre esprit est stimulé pour travailler efficacement sans risquer de paniquer.

Quand vous vous sentez stressé(e), pratiquez un peu d'activité physique – étirez vos membres, faites quelques pas ou un peu de ménage, etc. Le mouvement brûlera l'énergie nerveuse qui génère un réflexe « fuir ou combattre », ou vous libérera de la paralysie.

L'EFFORT

Travaillez-vous souvent tard le soir ou arrêtez-vous dès que possible ? Si on vous demande de faire quelque chose, acceptez-vous d'emblée ? Si beaucoup de gens ont une attitude profondément moraliste envers les vertus du labeur, d'autres sapent leurs propres efforts en ne donnant pas le meilleur d'eux-mêmes. Comment décririez-vous votre attitude envers le travail : zélée, modérée ou détendue ?

Si vous êtes zélé(e), il est possible que vous acceptiez plus de travail que nécessaire, mais que vous ignoriez des solutions simples parce que, pas assez contraignantes, elles ne vous semblent pas « correctes ». Si vous fournissez un effort modéré, sans plus – ou choisissez les chemins les plus faciles dans la vie –, vous aurez une existence confortable, mais risquez de ne jamais connaître l'excitation de découvrir vos potentiels.

Travailler intelligemment associe les trois attitudes. Un effort modéré suffit à la plupart des tâches quotidiennes. Parfois, il est bon de se laisser un peu aller pour rafraîchir son esprit ou laisser son subconscient travailler à un problème ardu. Mais il faut parfois fournir le maximum. Évaluez votre attitude habituelle, et apprenez à reconnaître quand il faut en adopter une autre.

« *Si j'ai vu plus loin que les autres, c'est parce que j'ai été porté par des épaules de géants.* »

Isaac Newton (1642–1727)

LA MÉTHODE PEST

Qu'il s'agisse de savoir qui a raison dans un débat politique ou d'étudier l'histoire de la Chine, maîtriser un sujet complexe exige généralement de considérer une grande diversité de facteurs. La méthode d'analyse PEST est un bon outil pour éclaircir les questions compliquées.

DE QUOI S'AGIT-IL ?
L'acronyme PEST signifie

Politique   Economique   Socioculturel   Technique

On applique généralement la méthode PEST à des problèmes d'envergure : pollution, pauvreté, etc. Au niveau personnel, elle permet d'analyser en profondeur des sujets complexes depuis différents points de vue. En effet, elle aide à placer faits et opinions dans leur contexte, afin de démêler des informations contradictoires. Par conséquent, elle permet de clarifier ses pensées et d'argumenter en position de force.

LES AVANTAGES DE LA MÉTHODE PEST
- trier les différentes composantes d'un sujet complexe
- saisir l'impact profond d'un sujet
- profiter des chances qui se présentent et identifier les problèmes
- réfléchir aux raisons qui sous-tendent votre attitude envers un sujet donné, et à leurs conséquences.

COMMENT ÇA MARCHE ?

La question est examinée successivement à la lumière des quatre composantes. Prenons l'exemple de l'énergie nucléaire :

Facteurs politiques

Quelle est la politique gouvernementale en matière d'énergie nucléaire ? A-t-elle évolué ? Est-elle différente dans d'autres pays ? Quels sont les groupes de pression ? Quels sont les arguments pour et contre ?

Facteurs économiques

Les choix énergétiques comportent deux éléments financiers : coût de mise en œuvre et approvisionnement continu. Quel est le coût d'autres combustibles à court et long terme ?

Facteurs socioculturels

La façon dont on produit de l'énergie a un impact social, notamment en termes d'emploi et d'environnement. Réfléchissez aussi aux possibles répercussions du tarissement d'une des sources d'énergie.

Facteurs techniques

Les détails techniques de la transformation d'un combustible en énergie exploitable sont un sujet compliqué, mais intéressant. Faites appel à d'autres outils mentaux pour vous aider dans vos recherches.

Une fois le problème ainsi examiné un aspect après l'autre, il vous sera plus facile de l'aborder comme un tout cohérent.

LA MÉTHODE DES SIX CHAPEAUX

Edward de Bono a développé la « méthode des six chapeaux » pour nous aider à élargir notre point de vue sur n'importe quel sujet. Selon de Bono, nous n'avons habituellement recours qu'à un ou deux des « chapeaux » qu'il décrit, laissant inexploités des modes de pensée qui pourraient être appliqués au sujet en question.

DE QUOI S'AGIT-IL ?

De Bono a identifié six modes de pensée fondamentaux qu'il a symbolisé par autant de chapeaux ayant chacun une couleur spécifique. En « mettant » mentalement un des chapeaux, vous appliquez à un sujet qui vous intéresse le mode de pensée qui y est associé. Cette stratégie est conçue pour vous faire sortir de vos habitudes mentales. Vous trouverez ci-dessous les principales caractéristiques de ces chapeaux.

Chapeau bleu (ciel)	grand angle, vue d'ensemble
Chapeau rouge (feu)	émotions, intuition, sentiments
Chapeau jaune (soleil)	pensée positive, éloges, raisons d'aboutir à un succès
Chapeau vert (plante)	pensée créative, tout est possible, pas de censure
Chapeau blanc (page vide)	faits et détails concrets, chiffres
Chapeau noir (robe de juge)	pensée critique, jugement, raisons d'aboutir à un échec

LES AVANTAGES DE LA MÉTHODE DES SIX CHAPEAUX

- penser différemment, sortir des chemins battus
- élargir notre point de vue sur un sujet
- prendre des décisions claires plus rapidement
- structurer une discussion, promouvoir des points de vue intéressants, libérer la pensée des interlocuteurs, renforcer la confiance.

COMMENT ÇA MARCHE ?

Pour réfléchir à une question, « mettez » vos chapeaux dans l'ordre suivant :

- **Bleu** pour faire un emploi du temps et évaluer le volume du sujet.
- **Rouge** pour repérer les aspects émotionnels. Considérez honnêtement vos sentiments et vos motifs réels, sans en analyser les répercussions. Dans une réunion, quand les participants portent leur « chapeau rouge », la communication est plus transparente, et le sujet traité à un niveau plus collectif qu'individuel.
- **Jaune** pour voir les avantages d'un choix, ou les aspects positifs d'un argument.
- **Vert** pour concevoir toutes les options disponibles.
- Pour finir, alternez **blanc** et **noir** pour effectuer les réglages fins.

Lors de chaque changement, n'oubliez pas de réorienter vos pensées en accord avec la couleur et les caractéristiques du nouveau chapeau. Cela vous permettra de garder l'esprit ouvert et vous évitera de tomber dans des automatismes mentaux.

LA MATRICE BCG

Nous distinguons généralement les domaines professionnel et privé, mais les leçons issues de l'un servent souvent à l'autre. La « matrice BCG » est un outil de stratégie marketing que vous pouvez adapter pour penser avec plus de clarté et de logique.

UNE MATRICE À QUATRE QUADRANTS

Cette matrice, inventée par Bruce Henderson du Boston Consulting Group, fournit aux entreprises un outil intelligent leur permettant d'orienter efficacement leurs efforts et leurs ressources. Ci-dessous une forme simplifiée de cette matrice.

Star	**Dilemme**
nouveau concept : requiert beaucoup de ressources mais génère une forte croissance	concept en développement : fort besoin de fonds, potentiel de croissance intéressant
Vache à lait	**Poids mort**
valeur sûre : dégage beaucoup de bénéfices pour peu d'investissement	concept obsolète : devrait peut-être être abandonné

LES AVANTAGES DE LA MATRICE BCG

* distinguer les coûts et les bénéfices de différentes options
* surmonter un attachement sentimental à des options inefficaces, et réduire les pertes
* un usage répété permet d'effectuer un suivi

ADAPTEZ LA MATRICE BCG À VOS BESOINS

Le concept de base, c'est que pour une entreprise, l'idéal est d'associer des « stars » génératrices de croissance, des « vaches à lait » garantissant un apport de ressources régulier et des « dilemmes » pouvant devenir des stars. On peut appliquer ce concept aux situations personnelles : vous avez besoin de buts à poursuivre, de perspectives nouvelles pour exercer votre esprit, et d'une zone de confort sécurisante.

Dessinez votre version personnelle de la matrice ci-dessous. Laissez assez de place dans les cases pour vos notes.

But/Solution	Possibilités nouvelles
Zone de confort	Échec/Point de départ

Peut-être avez-vous un but, mais ne savez-vous pas comment y parvenir. Dans la case en bas à droite, notez votre point de départ, et en haut à gauche votre objectif. Listez ensuite toutes les solutions qui vous viennent à l'esprit, puis inscrivez-les dans l'une des deux autres cases. Par exemple, notez une idée qui vous rapproche beaucoup de votre but dans la case « Possibilités nouvelles » près de la case « But/Solutions », et une idée qui n'apporte qu'un petit progrès dans la « Zone de confort ».

Cette matrice est également utile lorsque vous avez des idées à revendre, mais pas d'objectif concret : comme précédemment, inscrivez vos idées au bon endroit dans la bonne case. Vous verrez peut-être apparaître un fil rouge ou une voie d'action.

GÉRER L'INFORMATION

Si notre cerveau peut assimiler une quantité incroyable de nouvelles informations, il n'en est pas moins limité. Il est donc très utile de savoir distinguer entre les données à connaître personnellement et celles dont il suffit de savoir où les trouver.

SAVOIR CE QU'IL FAUT SAVOIR

À l'âge des autoroutes de l'information, il serait absurde de vouloir apprendre tout et n'importe quoi. Pour avoir accès à des connaissances dont on a besoin, il faut avoir des sources d'information à jour. Les professionnels du droit et de la finance savent depuis longtemps que leur efficacité ne réside pas tant dans une culture encyclopédique que dans leur capacité à poser les bonnes questions et à savoir où obtenir des réponses *appropriées*.

Si *approprié* est en italique, c'est qu'étant donné la somme d'informations fournies par d'innombrables sources, notre intelligence doit impérativement savoir séparer le bon grain de l'ivraie. Dix minutes sur Internet ou une heure de lecture des journaux nous confrontent à quantité d'approximations présentées comme des faits réels. Or, comme nous l'avons déjà vu (voir pages 62–63), nous fondons vite nos opinions sur des hypothèses erronées.

Lorsque vous parcourez des sources d'informations, vous enrichissez automatiquement vos connaissances. Vous utilisez surtout vos facultés critiques et organisationnelles pour trouver un accès rapide à des informations fiables – vous utilisez votre intelligence *intelligemment*.

CLASSER LES SOURCES D'INFORMATION

Le psychologue américain Urie Bronfenbrenner a conçu un système pour classer les éléments de l'environnement d'une personne en allant du plus personnel au plus général, chaque élément s'emboîtant dans le suivant. Cette structure peut être adaptée à l'organisation des sources d'information concernant un thème ou une famille thématique quels qu'ils soient. Ci-dessous, un exemple de sources « empilées » les unes dans les autres :

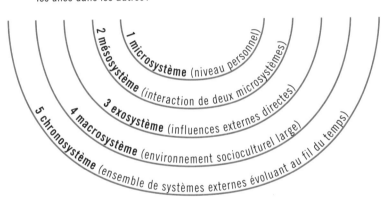

Exemples de sources

1 Clubs et groupes d'intérêt locaux ; expérience et réseaux personnels
2 Formations, cours de développement personnel ; organisations gouvernementales locales ou régionales
3 Revues et sites Internet professionnels et commerciaux
4 Presse généraliste, radio, TV ; encyclopédies en ligne
5 Organisations supra-gouvernementales – Union Européenne, etc.

J'AI MES SOURCES !

Structurer ses sources demande du temps et une réflexion critique, mais c'est une tâche utile.

1ère étape

- Évaluez les sources prometteuses et rangez-les par catégories.
- Incluez des sources de tous niveaux (voir page 109). Collectez un large éventail d'informations, par exemple en lisant un journal ou en écoutant une radio que vous n'avez pas l'habitude de lire ou d'écouter.

2e étape

- Choisissez des sources mises à jour régulièrement (inscrivez-vous à des newsletters, à des revues, à des clubs, etc.).
- Ajoutez les pages web intéressantes à vos favoris.

3e étape

- Recherchez de nouvelles sources de données à ajouter à votre structure.
- Pensez régulièrement à vérifier et à ratifier vos données.

« Il y a deux sortes de connaissance : connaître le sujet soi-même, ou savoir où nous pourrons trouver l'information. »

Samuel Johnson (1709–1784)

LE « LIFE HACKING »

Le life hacking est l'art de résoudre les problèmes en utilisant des solutions rapides et efficaces. Né dans le domaine informatique, ce concept connaît une forte expansion : il existe notamment des sites Internet développant et partageant des solutions pour gérer sa boîte mail, apprendre efficacement, faire face au trop-plein d'informations, etc.

* * * * *

Trouvez votre voie Gagnez du temps et de l'énergie en apprenant, analysant et mémorisant comme cela vous convient. Oubliez le « mind mapping » si vous préférez faire des listes, ne vous forcez pas à écouter Bach en travaillant parce qu'on dit que cela aide à se concentrer, etc.

* * *

Libérez votre esprit des détails Les petits détails parasites vous empêchent d'accorder toute votre attention à penser clairement, à planifier, à apprendre. Notez-les immédiatement : cela libérera votre esprit, tout en vous évitant de les oublier.

* * *

Choisissez vos buts avec soin Un « life hacker » repère dans les listes de choses qu'il doit faire les éléments communs permettant d'effectuer plusieurs tâches en une seule action. Appliquez cette méthode à votre développement intellectuel. Lisez pages 78-81 comment l'arbre du savoir peut vous aider à identifier des points-charnière pour exploiter au mieux vos connaissances.

* * *

«Mesure deux fois, coupe une seule fois » Cette maxime de couturière souligne que, pour être aussi efficace et rapide que possible, il est important de définir un plan d'action clair avant d'agir.

SAVOIR S'ADAPTER

La flexibilité mentale est un atout-clé qu'il convient d'entretenir pour utiliser au mieux son intelligence. Le monde qui nous entoure change rapidement, et il faut s'y adapter – ce qui peut d'ailleurs transformer une crise en nouveau départ.

TOUT CHANGE

Même avec un esprit méthodique et rationnel, il nous faut savoir affronter des mutations de toute sorte. Celles-ci ne sont pas dues uniquement à des changements de circonstances ou à l'action d'autrui, mais peuvent émaner de vous-même, suite à de nouvelles expériences.

Vous pouvez ignorer ou éviter le changement, tenter de le contrôler par la force de votre volonté ou vous y abandonner. Mais ce sont là des solutions à court terme, et non une réaction positive vous permettant d'en tirer les leçons.

RESTER EN SELLE
S'adapter au changement, c'est comme monter un cheval. Si vous fermez les yeux, mort(e) de peur, vous risquez fort de tomber. Si vous laissez le cheval aller où il veut, vous ne le montez pas : c'est lui qui vous promène. Si vous êtes brutal(e), vous risquez de tuer le cheval – ou de vous faire jeter bas. Si vous savez monter, vous restez bien en selle, contrôlez la vitesse et la puissance du cheval, tout en étant assez réactif (réactive) pour garder votre équilibre. De même, face au changement, il vous faut associer des bases sûres à une attitude ouverte et flexible.

LES PROCESSUS DU CHANGEMENT

Pour faire face aux changements, il est utile de savoir comment ils se produisent. La science, l'économie ou la sociologie ont identifié divers processus de changement que vous pouvez observer au quotidien. Quelques exemples :

Rendements décroissants Cette loi économique stipule que si pour un produit, un type d'apport augmente tandis que les autres restent stables, l'augmentation de la production finira par baisser. Si on double par exemple le nombre de vaches paissant dans un champ, la production de lait commence par doubler, mais rapidement, le surpeuplement entraîne une baisse de rendement.

Boucle de rétroaction Quand un changement en cause un autre, le résultat rétroagit et accélère (ou limite) le rythme du changement. Le changement climatique en est un bon exemple : la Terre se réchauffant, les calottes glaciaires fondent ; il y a donc moins de glace réfléchissant la chaleur du soleil, ce qui augmente le réchauffement.

Seuil critique Des changements lents ou infimes peuvent sembler avoir peu d'impact, mais leurs effets cumulés finissent par dépasser un seuil critique. Exemple : quand des touristes achètent des maisons dans une région de villégiature, les autochtones commencent à en partir, ce qui modifie rapidement le caractère de l'endroit. Passé un certain point, il devient difficile d'éviter la disparition totale de la population autochtone.

Effet de réseau Une fois qu'une idée est adoptée, elle se répand de plus en plus vite. Les téléphones portables, par exemple, n'ont commencé à se répandre réellement que lorsque leur nombre a été assez important pour rendre l'idée attractive.

LA FLEXIBILITÉ MENTALE

Notre façon de considérer le changement, qu'il soit choisi ou imposé, dépend de notre agilité mentale, car changer implique l'assimilation de nouvelles données, la formulation de nouvelles idées, et parfois la modification de notre angle de vue. Exercez-votre flexibilité mentale : cela vous sera utile professionnellement, vous évitera de vous enliser dans la routine en vieillissant et vous permettra de vous adapter aux changements au lieu de leur résister. Rappelez-vous ce principe issu des arts martiaux : on peut utiliser à son avantage la force et le poids d'un adversaire.

Une bonne façon de rester flexible est de vous poser sans cesse de nouveaux défis, sans vous disperser pour autant inutilement. Comme nous l'avons vu, appliquer les leçons d'un domaine à un autre est un bon usage de son intelligence. Recherchez donc les occasions de tester votre adaptabilité. Voici quelques pistes :

- Rejoignez – ou créez – un club de discussion dans lequel l'accent porte sur la qualité de l'argumentation ; un bon orateur sait présenter tous les aspects d'une question avec une égale conviction.
- Abordez les jeux lexicaux « à l'envers », par exemple en créant vos propres mots croisés.
- Imposez-vous une suite de tâches courtes demandant différents modes de pensée : aidez par exemple votre enfant à faire ses devoirs de maths, puis lisez un roman en anglais.
- Jouez à des jeux de société utilisant le facteur chance : cela vous forcera à repenser votre stratégie en permanence.

DIX QUESTIONS
À SE POSER
RÉGULIÈREMENT

Pour surmonter un problème, posez-vous régulièrement certaines des questions suivantes. Tenter d'y répondre vous aidera à rester sur la bonne voie dans de nombreuses situations – recherches, études, travail, etc.

* * * * *

- Qui a déjà suivi cette voie et pourrait m'aider ?
- Est-ce que j'aborde le sujet sous le bon angle ?
- Est-ce que je le complique inutilement ?
- Est-ce que je le simplifie trop ?
- Quelles perspectives cette information ouvre-t-elle ?
- Quelles perspectives cette information clôt-elle ?
- Que m'apprend-elle ?
- Est-ce vrai ?
- Est-ce *encore* vrai ?
  et, bien sûr :
- **Pourquoi ?**

« *Jugez de l'esprit d'un homme par ses questions, plutôt que par ses réponses.* »

Voltaire (1694–1778)

S'AMUSER

L'un des privilèges de l'âge adulte est de ne pas devoir étudier ou passer des examens à moins de l'avoir décidé. Cette liberté nous permet d'augmenter notre savoir et d'utiliser notre esprit comme nous l'entendons – y compris pour le plaisir.

PROGRESSEZ EN JOUANT

Comme nous n'apprenons qu'à travers l'expérience, il est bon de nous poser des défis virtuels pour exercer nos facultés logiques et stratégiques, notre capacité à résoudre les problèmes, etc. De nombreux jeux recèlent ce genre de défis et, en nous amusant, nous entraînent à penser avec plus de flexibilité. Jouez à des jeux de société (ou leur équivalent sur ordinateur) et considérez-les comme un entraînement intellectuel inconscient.

GYMNASTIQUE MENTALE

Le roi des jeux de stratégie est, bien sûr, le jeu d'échecs, que l'on peut considérer comme une « gymnastique mentale ». Chaque coup modifie subtilement l'équilibre des forces, forçant les joueurs à revoir leurs plans et à imaginer des stratégies alternatives. Ce jeu exige de nombreuses facultés intellectuelles : une bonne mémoire de travail, une bonne logique et l'intelligence émotionnelle permettant de deviner les réactions de l'adversaire.

CASSE-TÊTE

Les plaisanteries et les devinettes sont une autre forme de gymnastique mentale. En présentant un point de vue amusant ou inattendu, ou en vous confrontant à des illogismes, elles stimulent votre pensée à sortir des chemins battus. Essayez-vous aux exemples ci-dessous ; vous trouverez les solutions en bas de page.

1 Une femme entre dans un magasin de bricolage. Elle trouve les articles qu'elle cherchait, mais il n'y a pas de prix.

Elle demande à un employé : « Un seul, combien ça coûte ? »

« Deux euros », répond l'employé.

« Et 14 ? » demande-t-elle.

« Quatre euros », répond-il.

« Et 144 ? »

« Six euros », répond l'employé.

Que veut acheter la cliente ?

2 Comment couper un cake rond en huit parts égales avec seulement trois coups de couteau ?

3 Combien de lettres y a-t-il dans l'alphabet ?

4 Je déambulais dans une soirée noire de monde. Et pourtant, je ne remarquais aucune personne seule. Pourquoi ?

Solutions :

1 Elle achète des numéros pour les accrocher sur la porte de sa maison.

2 Coupez d'abord le cake horizontalement, puis en quarts comme on fait d'ordinaire.

3 Il y a 9 lettres dans « l'alphabet ».

4 Toutes les personnes présentes étaient mariées.

CHAPITRE 6

RÉALISEZ VOTRE POTENTIEL

Une intelligence globale se compose autant de la conscience des sentiments et des instincts que d'aspects analytiques. Même les rares personnes qui possèdent des capacités mentales et un QI exceptionnels peuvent encore les améliorer en se fondant sur les aspects les moins évidents et les moins mesurables de l'intelligence. En comprenant les aspects irrationnels de votre psychisme, vous pourrez créer un environnement permettant à votre intelligence de s'épanouir.

Dans ce dernier chapitre, nous examinerons également le développement continu de vos capacités intellectuelles : comment générer de nouvelles idées pour compléter votre nouvelle façon d'aborder le monde, donner et recevoir de l'aide, et faire profiter l'ensemble de votre existence de vos facultés intellectuelles accrues.

LA RAISON ET L'ÉMOTION

Sans cesse, notre esprit évalue le monde changeant qui nous entoure et y répond. Cette activité continue et subtile est rendue possible par nos émotions et notre intellect, issus d'une évolution ayant duré des millions d'années.

UN CERVEAU TROIS-EN-UN

Dans les années 70, le neurologue Paul MacLean formula la théorie selon laquelle notre cerveau a une structure « trois-en-un » due aux stades principaux de notre évolution : du reptile au mammifère, puis à notre forme actuelle. Chacune des trois couches a certes ses fonctions spécifiques, mais elles interagissent entre elles.

Le cerveau reptilien

Le tronc cérébral et le cervelet sont les plus anciens en termes d'évolution. Chez le reptile, ils constituent la majeure partie du

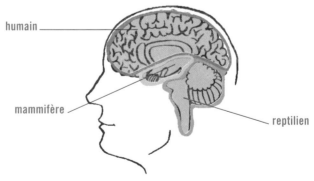

humain

mammifère

reptilien

cerveau. Chez l'humain, le cerveau reptilien contrôle les fonctions vitales telles que la respiration ou le battement cardiaque, ainsi que les comportements de survie, profondément ancrés en lui et très difficiles à modifier.

Le cerveau mammifère

Cette partie du cerveau, formée chez les mammifères (dont les humains), gère la mémoire et l'expression des émotions. Contrairement au reptilien, le cerveau mammifère nous permet d'adapter nos réactions pour faire face à des situations évolutives. C'est aussi grâce à lui que nous émettons des jugements de valeur, faisons attention aux choses importantes, et établissons des priorités. Mais de fortes réactions de sa part peuvent engendrer préjugés et autres erreurs de pensée.

Le cerveau humain

Le cortex cérébral, que l'on reconnaît d'emblée sur les représentations du cerveau, en est la partie la plus grande. Il domine chez les primates, dont l'humain, et contrôle les fonctions liées au QI : langage, logique, planification à long terme, pensée abstraite, créativité, etc. Il nous permet aussi d'interpréter nos sentiments, et de réagir de façon complexe et nuancée.

Bien que cette partie de notre cerveau contrôle nos attributs les plus humains, il reste influencé par les zones plus primitives, sans lesquelles il ne peut fonctionner efficacement. D'ailleurs, un réseau nerveux très dense connecte les couches humaine et mammifère, indiquant le rôle puissant des émotions dans nos processus cognitifs.

L'INTELLIGENCE ÉMOTIONNELLE

L'intelligence dépasse largement le seul quotient intellectuel. Le concept de « l'intelligence émotionnelle » reflète ce point de vue élargi : il associe pensée et émotion, tenant compte de l'empathie comme du savoir, et s'appuyant sur les sentiments et l'instinct autant que sur la logique.

L'ESSENCE DE L'INTELLIGENCE ÉMOTIONNELLE

Les gens intelligents se comportent parfois bêtement, se mettant en colère contre leurs collègues ou claquant la porte parce qu'ils sont frustrés. À l'inverse, des gens n'étant pas considérés comme brillants peuvent réagir beaucoup plus finement, notamment vis-à-vis d'autrui. Alors, qu'est-ce qui fait la différence ?

Réponse : l'intelligence émotionnelle. Le psychologue et écrivain Daniel Goleman, qui a popularisé ce terme, la définit comme étant l'aptitude-clé permettant d'utiliser avec succès nos autres capacités mentales. L'intelligence émotionnelle est également liée aux intelligences « interpersonnelle » et « intrapersonnelle », deux des « intelligences multiples » définies par Howard Gardner, psychologue à Harvard.

Elle est liée à notre capacité à réguler nos sentiments non rationnels et à interpréter correctement les émotions d'autrui. Ses principaux aspects sont :

La conscience de soi La faculté de reconnaître nos propres émotions lorsqu'elles surviennent, et d'en identifier les causes, nous empêche d'être submergés par des sentiments comme l'excitation, la peur ou la colère, d'être aveuglés par l'optimisme ou paralysés par le pessimisme, et nous aide à percevoir les situations de façon appropriée.

Le contrôle émotionnel La capacité à exprimer ses sentiments de façon adéquate et à réguler les sentiments inadaptés nous permet de pratiquer l'autodiscipline, de nous motiver et de supporter la frustration, ce qui en retour nous aide à garder les pensées claires.

L'empathie L'aptitude à « lire » les expressions et les actes des autres, et de comprendre ce qu'ils veulent ou ce dont ils ont besoin, peut sembler n'avoir rien à voir avec les capacités intellectuelles. Pourtant, presque tout dans notre existence implique d'autres personnes : aussi, les comprendre, et même prédire leurs actes est-il utile pour atteindre nos objectifs.

Tout en développant votre intelligence, il vous faut aussi améliorer votre capacité à gérer vos émotions et à prendre en compte les réactions d'autrui, pour parvenir à l'expression maximale de vos facultés mentales.

APPRIVOISER LES FAUVES

Les réactions archaïques issues de notre passé primitif ne sont pas toujours adaptées au monde moderne. Par exemple, les instincts du cerveau reptilien suivent des schémas immuables, qui se rigidifient encore sous l'effet du stress, ce qui entraîne des comportements obsessifs ou répétitifs.

De même, les émotions animales peuvent faire dévier la raison et le jugement humains. Pensez à la manière dont l'inquiétude interfère avec nos pensées lorsque nous travaillons. Loin de l'état idéal du « flow » (voir pages 50-51), elle entraîne alors une panique qui nous fait perdre la mémoire et nos moyens intellectuels. Nous risquons alors de faire des erreurs qui augmentent notre malaise et nous font redouter de devoir affronter un jour à nouveau le même type de tâches. À l'opposé, une attitude positive et détendue libère notre esprit, nous encourageant à explorer des solutions plus risquées aux problèmes qui se posent.

Mais ce sont les aspects instinctifs et émotionnels de notre caractère qui nous rendent humains, aussi ne peuvent ni ne doivent-ils être ignorés ou bâillonnés. Harmoniser la raison et l'émotion : voici l'essence de l'intelligence émotionnelle. Cela peut nous éviter d'être paralysés par des peurs venant du passé ou des angoisses face au futur, ainsi que de suivre des schémas de pensée erronés (voir chaîne d'inférence page 90). Nous pouvons effectuer cette transformation si nous passons par exemple de la rage à une attitude positive en commençant par identifier l'émotion qui sous-tend nos réactions instinctives, puis en la rationalisant et la replaçant dans son contexte, enfin en voyant cette source d'émotions négatives comme un problème à résoudre plutôt que comme une menace à combattre.

> *« Tout notre raisonnement se réduit à céder au sentiment. »*
>
> Blaise Pascal (1623–1662)

AMÉLIORER SON QI EN PRATIQUE

Améliorer vos facultés intellectuelles, c'est un peu comme vous entraîner physiquement : vous ne ressentez pas l'effort, et acceptez de nouveaux défis en ayant confiance en vous. Ce changement vous surprendra, et peut-être agirez-vous alors d'une façon si nouvelle que votre entourage le remarquera.

LE POTENTIEL PERSONNEL

Le fait de penser plus clairement et de façon plus méthodique devrait vous donner envie d'apprendre plus et de remporter des défis. Afin de réaliser votre potentiel, il vous faut :

- trouver comment exploiter au mieux vos capacités personnelles et intellectuelles
- apprendre à élargir votre point de vue
- imaginer quelles idées, parmi celles qui germent dans votre esprit, sont les plus prometteuses pour l'avenir.

L'association de nouvelles connaissances, d'une adaptabilité et d'un sens critique accrus, vous permettra de mieux évaluer les informations fournies par diverses sources. L'augmentation de votre QI aura des retombées sur votre vie dans son ensemble ; vous…

- comprendrez mieux les actualités
- serez plus clair(e) et plus efficace au travail
- aurez plaisir à effectuer des tests mentaux de plus en plus ardus
- souhaiterez reprendre des études, etc.

Votre esprit développera peut-être sa curiosité dans une direction prévisible – notamment si vous vous penchez sur des sujets que vous n'aviez fait que survoler jusqu'à présent –, mais il vous ouvrira peut-être aussi de tout nouveaux horizons.

DES IDÉES NOUVELLES

De nos jours, nul n'est besoin de rencontrer personnellement l'avant-garde intellectuelle pour avoir accès à ses découvertes ou échanger des idées avec des personnes sur la même longueur d'onde que vous. Nourrissez votre esprit en exploitant des ressources nouvelles en rapport à un sujet qui vous intéresse, blogs, chats, etc.

Utiliser son intelligence signifie souvent aborder un problème sous un angle nouveau. Faites appel à la créativité de votre cerveau gauche, ou trouvez des sujets exportables d'un domaine de connaissance vers un autre. C'est souvent ainsi que surviennent les grandes inventions et que se font les grandes mutations sociales.

NOURRITURE SPIRITUELLE

- Si vous aimez la technique, essayez d'inventer un nouvel appareil.
- Choisissez un sujet d'actualité récurrent. Passez toutes ses implications personnelles et générales en revue, puis réfléchissez aux mesures qu'un gouvernement pourrait prendre.
- Exercez votre créativité en combinant deux aspects indépendants d'un sujet qui vous intéresse. Par exemple, quel type de film pourrait naître de la combinaison de genres (horreur et romantisme) ou de sujets très différents (industrie chinoise et enlèvement d'extraterrestre) ?

REGARDER VERS LE FUTUR

Vous êtes peut-être maintenant arrivé(e) au point où vous vous demandez : « Et maintenant ? » C'est le moment de faire une pause, de considérer le chemin parcouru, et d'envisager le futur.

LA ROUE DU PROGRÈS

La roue ci-dessous est un outil pour consigner les progrès de vos capacités intellectuelles. Les « parts de gâteau » représentent les méthodes d'augmentation du QI abordées dans cet ouvrage. Les anneaux symbolisent des niveaux de progrès, celui du milieu étant le niveau le plus bas et l'anneau externe le plus élevé.

Dessinez votre propre roue et, pour chaque « part de gâteau », notez le point où vous pensez vous trouver en termes de forces et

1 résultats au test de QI

2 rapidité de pensée et de réaction

3 alimentation/santé physique

4 penser clairement

5 mémoire de travail

6 logique

7 augmentation du savoir

8 penser mieux

de faiblesses. Si par exemple, vous pensez avoir peu progressé en matière de distorsion de la pensée, ne marquez que la section intérieure de cette part. Là où, au contraire, vous pensez avoir bien évolué, marquez quatre ou cinq sections. Reprenez la roue tous les trois mois pour évaluer vos progrès.

AVOIR UN PROJET DE VIE

Les gens qui obtiennent ce qu'ils veulent suivent généralement un plan bien défini et font ce qu'il faut pour qu'il se réalise. Ils suivent des cours, apprennent différentes choses, adhèrent à des associations et à des réseaux rassemblant des gens avec qui ils ont des affinités. Ils apprennent à penser la manière de réussir ce qu'ils veulent.

De même, en définissant votre projet de vie, vous pouvez décider de la manière dont vous allez améliorer votre QI et utiliser votre intelligence accrue dans tous les domaines de votre vie. En suivant votre plan, vous ressentirez un élargissement de votre horizon, au travail, à l'université, dans vos loisirs, ou à travers le fait que vous abordez le monde sous un angle plus éclairé.

Vous trouverez ci-contre des suggestions pour construire un projet sur trois mois. Votre projet de vie doit comporter des objectifs de développement personnel bien définis : utilisez la matrice BCG (voir page 106) ou la méthode PEST (voir page 102) pour définir les domaines-clé de votre évolution. Le plan doit également comporter des activités qui enrichiront votre journée. Quoi que vous décidiez, votre programme QI doit s'insérer dans la vision globale que vous avez de votre vie.

UN PROGRAMME
POUR TROIS MOIS

Vous pouvez vous projeter aussi loin que vous souhaitez, mais la plupart des progrès décrits dans ce livre s'opèrent en peu de temps. Trois mois sont un laps de temps réaliste, assez long pour avancer de façon notable, et assez court pour ne pas être décourageant.

*   *   *   *   *

Définissez clairement vos buts Formulez-les en une phrase courte. Utilisez des termes positifs plutôt que négatifs, comme « Je vais améliorer mon score au test de QI » plutôt que « je ne raterai pas mes examens ».

*   *   *

Consignez vos progrès Référez-vous à la roue du progrès (voir page 127). Fixez-vous des buts dans chaque domaine, par exemple « améliorer de trois chiffres mon score au digit span » (voir page 84) pour la section 5, ou « ajouter un nouvel élément à mon régime santé » pour la section 3. Consacrez-vous d'abord à vos points faibles et essayez de progresser : cela donnera de l'élan à votre évolution globale.

*   *   *

Introduisez de la variété Gardez l'esprit alerte en associant des tâches simples et rapides (comme faire une grille de mots croisés chaque jour) et des défis à plus long terme (comme apprendre une nouvelle langue). Sans doute certaines activités (comme améliorer votre test de QI) deviendront-elles plus difficiles au fur et à mesure, tandis que d'autres, ardues au début (comme rassembler de nouvelles informations), seront de plus en plus faciles. L'excitation face à un nouveau défi, de même que le succès, peuvent renforcer votre confiance en votre intelligence.

SE FAIRE AIDER

Presque tout ce que nous faisons implique des interactions avec autrui. Pourtant, nous négligeons souvent de nous appuyer sur le savoir et l'expérience d'autres personnes qui pourraient nous être très utiles.

LE MENTOR

Un mentor est une personne que vous respectez et qui a des connaissances qu'elle peut vous transmettre. Certaines entreprises font accompagner leurs salariés par des mentors qui les guident dans leur développement, mais l'accompagnement intellectuel est très rare en dehors du domaine éducatif classique.

Un mentor peut accélérer l'expansion de vos capacités mentales. Il peut vous aider à élargir votre point de vue et à appréhender des questions et des processus complexes. Avec un bon mentor, vous apprenez plus vite et comprenez mieux les règles qui sous-tendent une discipline donnée, quelle qu'elle soit. Il ou elle peut vous aider à explorer de nouveaux domaines, à voir comment adapter votre façon d'accomplir les choses pour que vous puissiez atteindre vos buts et élargir votre horizon.

Selon le domaine choisi et le type d'aide que vous souhaitez, il vous faudra chercher votre mentor en différents lieux. Les sources d'informations appartenant au mésosystème et à l'exosystème de Bronfenbrenner (voir page 109) peuvent être un bon point de départ.

LES RETOURS

Le concept du « retour » déplaît à beaucoup de personnes qui l'associent à des notions de critique négative. Pourtant, il est vital d'avoir des retours pour mieux comprendre notre fonctionnement.

L'« évaluation à 360° » est un type de retour de plus en plus apprécié, grâce auquel les employés ont une idée de la façon dont leurs performances sont jugées par leurs collègues de différents grades ou services. Vous pourriez adopter des principes similaires pour tester vos idées et vos capacités aussi largement que possible. Des personnes plus expérimentées et mieux informées que vous-même peuvent vous éclairer ou vous alerter sur des erreurs de raisonnement. Enseigner est également une forme d'instruction à deux sens : cela permet de clarifier vos idées et d'avancer grâce aux questions posées par les apprenants.

L'ART DE L'ÉCOUTE

Une écoute vraie (pas juste hocher la tête et dire hum hum au bon moment) est un art qui ouvre de nouvelles voies de connaissance, nourrit l'intellect et fournit de nouvelles informations. Pour écouter efficacement :

- accordez toute votre attention à la personne et gardez un contact visuel
- n'émettez pas de jugement
- permettez à la personne de dire tout ce qu'elle a à dire sans l'interrompre
- évitez de faire des suppositions sur ce qu'elle veut « vraiment » dire
- paraphrasez brièvement ce que vous avez entendu et ce que vous en déduisez, sans omettre votre ressenti
- posez des questions pour vous assurer d'avoir bien compris.

LA LIMITE RAISONNABLE

Sous-estimer comme surestimer vos capacités peut vous frustrer et vous mettre en mauvaise posture. Apprendre à poser une limite raisonnable vous évitera de vous freiner vous-même mentalement et vous permettra une mise en œuvre efficace de vos facultés.

LES PIEDS SUR TERRE

Nous sommes conscients de ce qu'il existe des limites absolues aux capacités humaines : tout le monde ne peut pas être champion olympique ou Prix Nobel. Nous pouvons cependant nous stimuler avec des objectifs pouvant être atteints, comme « devenir un(e) bon(ne) juriste ou un auteur à succès ». Des rêves de réussite tous azimuts nous empêchent de nous concentrer suffisamment sur un domaine particulier. Reconnaître objectivement vos limites fournira une structure réaliste à vos ambitions, et vous évitera d'essuyer constamment déceptions et échecs.

DE PLUS EN PLUS ET DE MOINS EN MOINS

Au fur et à mesure que votre esprit se développe, il est normal que vous vous sentiez intimidé(e) par l'énorme quantité de ce que vous ignorez. D'ailleurs, ce sont les personnes les plus douées intellectuellement qui ont les plus grands doutes, et il n'est pas rare que des savants réputés subissent une crise au beau milieu de leur carrière, en se rendant compte que plus ils en savent, plus ils savent ce qu'ils ne savent pas.

Une approche restreinte d'un sujet peut faire de vous un(e) expert(e), ce qui est satisfaisant en soi, mais comme nous l'avons vu avec les arbres du savoir (voir pages 78-81), chaque domaine de connaissance peut ouvrir des perspectives sur d'autres sujets ne demandant qu'à être explorés. Gardez un juste milieu : vous ne saurez jamais tout, mais vous pouvez vous émerveiller des mystères du monde. Cherchez à maîtriser les sujets que vous connaissez, et à respecter ce qui dépasse votre compréhension.

SE CONTENTER DE « BIEN »

Cela peut sembler étrange, mais le fait d'accepter que vous êtes suffisamment bon(ne) peut améliorer vos performances. En effet, cela vous libère de la pression et vous fait atteindre plus aisément un état de « flow » (voir pages 50-51). Il ne s'agit ni d'une philosophie du compromis, ni d'une tentative de dénigrer l'excellence, mais la plupart du temps, il suffit de faire « bien ». Se trouver « suffisamment bon(ne) » implique que vous ayez confiance dans vos capacités, qui sauront s'activer au moment où vous en aurez besoin.

Les grands comédiens savent que dès le lever du rideau, leur texte viendra de lui-même, et qu'il est inutile qu'ils s'inquiètent. Ils peuvent donc se concentrer sur leur jeu, tandis que les acteurs débutants pensent aux mots, aux pauses, à leur ton, au public, etc. Être ainsi obsédé par le processus de la performance peut nuire à l'émergence naturelle du talent. Trouver que vous êtes « assez bon(ne) » vous permet de museler vos propres critiques et de libérer votre génie.

FÉLICITATIONS !

Voici arrivé le moment de vous féliciter d'être parvenu(e) jusqu'ici et d'avoir initié votre développement personnel. Nul doute que ce voyage enrichira vos capacités intellectuelles, ainsi que votre perception du monde qui vous entoure.

LES TACHES COURANTES

Nous terminons cet ouvrage en évoquant les tâches à effectuer régulièrement si vous souhaitez améliorer vos facultés intellectuelles et donner plus de sens à votre vie.

Une des tâches principales consiste à développer votre base de connaissances. Plus votre arbre du savoir (voir pages 78-81) sera fourni, plus il vous sera facile d'établir des connexions mentales vous permettant d'assimiler de nouvelles informations. Maintenez votre niveau en mettant à jour vos sources de données et en organisant vos informations (voir pages 108-111).

Une autre tâche est d'appliquer vos qualités d'expert(e) à d'autres domaines. Grâce à votre sens critique, vous évaluerez l'information ainsi que les connaissances nécessaires pour formuler un avis fondé.

Troisièmement, pensez à votre bien-être physique. Bougez, mangez bien : cela nourrira votre cerveau et l'aidera à former les nouveaux réseaux nerveux nécessaires au développement de votre pensée.

Enfin, entraînez-vous à être dans le « flow » (voir pages 50-51). En passant plus de temps dans cet état positif, vous pourrez utiliser nettement plus votre intellect et votre créativité.

AU-DELÀ DE CE LIVRE

Si vous suivez les pistes que propose cet ouvrage, vous devriez ressentir des effets positifs dans tous les domaines de votre vie. La maîtrise de nouvelles facultés devrait améliorer votre confiance en vous, et vos succès vous encourageront à prendre des risques et à poursuivre de nouveaux objectifs. En élargissant votre point de vue, vous percevrez le monde comme un endroit plus riche, plus captivant, et vous saurez mieux vous insérer dans ce grand tout. Pour conclure, vous devriez à présent être en mesure d'exprimer l'être complexe, polyvalent et adaptable que vous êtes profondément.

« Une fois agrandi par une idée nouvelle, l'esprit ne retrouve plus ses dimensions d'origine. »

Oliver Wendell Holmes (1809–1894)

SOLUTIONS

1 semblable

2 égalité

3 temps

4 voyagea

5 ⌐⌐ Les notes situées sous la ligne sont négatives, au-dessus elles sont positives. Additionner le 1er et le 2e symbole donne le 3e, donc -2+4 = 2

6 A. L'étoile se déplace à travers un nombre de segments diminuant régulièrement – 12, 10, 8, etc. –, une fois dans le sens des aiguilles d'une montre et une fois en sens inverse. Le suivant est donc 4 en sens inverse.

7 15, 14. La séquence est dictée par les 1er, 3e, 5e nombres, etc., qui augmentent de un à chaque fois : 6+2=8 ; 8+3=11.
Les 2e, 4e, 6e nombres, etc. égalent leur prédécesseur moins 1.

8 83. Le 3e nombre est la somme des deux précédents.

9 12. Résoudre cet exercice rapidement dépend de l'aptitude à « trouver une voie » pour entrer dans la grille. Ici, c'est la 3e ligne en partant du haut : si 4 x A = 12, alors A=3.

10 24, puisqu'il faut 4 heures à un jardinier pour tondre une pelouse. C'est peut-être évident lorsque l'on prend le temps d'y réfléchir, mais si l'on fait vite, on risque de penser que si 4 jardiniers mettent 4 heures, 1 jardinier met 1 heure.

11 D et E.

12 Coupable.

13 D2. A a été tourné à 180° dans le sens des aiguilles d'une montre et incliné vers l'arrière pour donner B.

14 Au nord à nouveau. (Le nombre de pas ne joue aucun rôle).

PAGES 88–9 : PLUS DE LOGIQUE !

1 Faux. Pour que cette conclusion soit correcte, il faudrait que toute personne voulant augmenter les impôts soit socialiste – mais ceci n'est indiqué nulle part dans l'argumentation.

2 Vrai. Toutes les baleines étant des mammifères, elles ont toutes le sang chaud.

3 Ceci pourrait être vrai, mais seulement si la blancheur était l'unique caractéristique des cygnes, et si nous savions qu'il n'existe pas de cygnes non blancs.

4   Ceci s'appelle un non sequitur : le fait que deux événements aient lieu en parallèle n'implique pas qu'ils soient liés. Pour établir un lien entre les deux phénomènes, il faudrait que vous en sachiez plus sur le bistrot, sur les actions locales de dératisation, etc.

5   Ce type de question dite « complexe » est erroné parce qu'elle contient une supposition dont il n'est pas prouvé qu'elle soit correcte. (Qui dit que toutes les femmes sont obsédées par les courses ?) Soyez prudent(e) face à ce genre de question requérant une réponse par oui ou non (telle que « As-tu enfin cessé de battre ta femme ? »).

6   Ceci s'appelle un argument d'ignorance : c'est l'idée que quelque chose soit vrai simplement parce qu'il n'est pas prouvé que cela soit faux, ou soit faux parce qu'il n'est pas prouvé que cela soit vrai.

7   Il s'agit d'un argument d'autorité. Celui-ci est hors de propos s'il cite l'avis de quelqu'un n'étant pas une autorité dans le domaine en question (Einstein était expert en physique, pas en éthique), ou s'il cite inutilement un avis d'expert.

8   Ici, on a affaire à des arguments également faux. Il est important d'examiner toutes les facettes d'un problème. Néanmoins, il arrive que quelque chose soit complètement juste, ou complètement faux. Par exemple, pouvez-vous imaginer avoir une discussion impartiale sur ce qu'il faut faire et ne pas faire quand on tue quelqu'un ?

INDEX

PISTES BIBLIOGRAPHIQUES

Le QI a diverses facettes, historique, politique, scientifique, etc. – et bien sûr celle du développement personnel. Voici quelques suggestions pour vous permettre de poursuivre vos investigations sur le QI… et plus si affinités.

Carter, Philip *500 tests psychotechniques de logique et d'intelligence,* Éditions L'Express, 2006.

Iribarne, Patrick *Les tableaux de bord de la performance, comment les concevoir, les aligner et les déployer sur les facteurs clés de succès*, Éditions Dunod 2003.

Hawkins, Jeff et Blakeslee, Sandra *Intelligence*, Campus Press 2005.

Fayard, Pierre *Comprendre et appliquer Sun Tzu*, Éditions Dunod, 2007.

Rennard, Jean-Philippe *Réseaux neuronaux : une introduction accompagnée d'un modèle Java*, Éditions Vuibert, 2006.

SITE WEB DE L'AUTEUR

Pour en savoir plus sur l'auteur, rendez-vous sur www.urbanpsychologist.com (anglais).

REMERCIEMENTS

Je souhaite remercier chaleureusement ceux qui ont été impliqués dans la réalisation de ce livre : toute l'équipe de DBP et particulièrement Caroline Ball, qui a fait avancer le projet malgré tous mes efforts de procrastination et d'allongement des délais, ainsi que Katie John, qui a eu le rôle peu enviable de combiner mes mots et mes phrases pour fabriquer un livre lisible et compréhensible ; un grand avenir l'attend.

Les pages 94–95 contiennent des extraits de la traduction réalisée en 1910 par Lionel Wade de *L'Art de la guerre* (Sun Tzu).